OFF-ROAD-MANUAL

D1720071

Arnold Christians

DER SICHERE UMGANG MIT DEM GELÄNDEWAGEN, SUV & CROSSOVER

OFF-ROAD-MANUAL

Denn OFF-Road-Fahren erfordert Technik!

Engelsdorfer Verlag

2010

Bibliografische Information durch die Deutsche Nationalbibliothek: Die Deutsche Nationalbibliothek verzeichnet diese Publikation in der Deutschen Nationalbibliografie; detaillierte bibliografische Daten sind im Internet über http://www.d-nb.de abrufbar.

ISBN 978-3-86268-053-5

Der Autor dieses Buches, Arnold Christians, Jahrgang 1965, hat nach dem Studium des Bauingenieurwesens einige Zeit ein Bauunternehmen geführt und dabei den Bezug zu Geländewagen erhalten.

Anfang 1993 kaufte er seinen ersten Geländewagen der Marke Land-Rover. Gleich darauf begann er mit großem Erfolg an diversen Trial-Veranstaltungen im norddeutschen Raum teilzunehmen. Über eine Expedition nach Libyen, mehrfachen Sahara-Rallyeteilnahmen (einmal 3. Gesamtsieger sowie div. Klassensiege), Rallye-Organisation und Führen von Touristengruppen mit eigenen Geländewagen durch die Sahara, führte sein Weg 1998 zur Gründung der Firma OFF-TEC.

Die Firma OFF-TEC richtet für Autohäuser und -hersteller verschiedene Off-Road-Veranstaltungen aus. Außerdem werden für Firmen und Autohäuser Events und Geländewagenfahrschulen organisiert. Auch für andere Event-Firmen ist Arnold Christians als Instruktor („Offroad Moderator") im gesamten Bundesgebiet tätig. Regelmäßig finden unter seiner Leitung Geländewagen-fahrschulen im Hoopepark Wulsbüttel statt, für Anfänger und Fortgeschrittene.

Ein Teil des Erfahrungsschatzes kommt von der Teilnahme an verschiedenen Ausscheidungswettbewerben, wie z. B. Trial- und Trophieveranstaltungen, Land-Rover Experience 2001, Endausscheidung in Wülfrath, zweiter Platz bei der Nissan Off-Road Challenge 2003, sowie div. Fahrsicherheitstrainings, usw.

Seit einigen Jahren ist er lizenzierter Geländewagenfahrtrainer für den Geländefahrsicherheits-Grund- und Aufbaukurs im Deutschen Allrad Verband. Seit 1994 ist er Mitglied im Deutschen Land-Rover Club.

Dort wo alle Straßen enden, dort liegt der Reiz, durch perfektes Fahrkönnen, Technikbeherrschung und nicht zuletzt auch durch die eigene Erfahrung sicher und ohne Schaden das Ziel zu erreichen.

„Autofahren heißt Kräfte zu übertragen" (Walter Röhrl)

Wenn man das zu durchfahrende Gelände sieht und an diesen Satz denkt, kann man sich vorstellen, wie kompliziert es sein kann, immer genügend Kraft auf den Boden zu bringen, um auf den unterschiedlichsten Untergründen nicht steckenzubleiben.

Alle in diesem Buch gemachten Angaben zu Fahrtechniken und die Darstellungen spiegeln die Erfahrung des Autors wieder und sind keine Dogmen, an die man sich halten muss. Es sollen lediglich die vom Autor erprobten und sicheren Fahrtechniken dargestellt werden.

Die Titel sind absichtlich sehr detailliert gewählt worden, damit jeder zu seinem Problem sofort die passende Lösung finden kann. Obwohl die einzelnen Punkte sachlich voneinander getrennt sind, sind sie im Gelände immer miteinander verknüpft. Die Trennung der Themen erfolgt der besseren Übersichtlichkeit halber, denn das typische Gelände gibt es nicht!

Es ist auch möglich, sich nur die Titel herauszusuchen, die für einen von Interesse sind und alle vorherigen zu überspringen, die Titel sind immer in sich schlüssig und abgeschlossen!

Das Wichtigste im Gelände ist und bleibt das Auge des Fahrers. Im Gelände heißt es immer vorausschauend zu Fahren, also das Gelände immer im Auge zu behalten, um Gefahren frühzeitig zu erkennen und diese notfalls noch zu umfahren oder anhalten zu können.

Nicht zuletzt deshalb heißt die Wichtigste Regel im Gelände: "So langsam wie möglich, so schnell wie nötig!"

Die Ratschläge und Tipps beim Umgang mit dem Geländewagen sind vom Autor sorgfältig erwogen und geprüft worden. Es kann dennoch keine Garantie für deren Gesetzmäßigkeit übernommen werden.

Auf das Einhalten aller geltenden Gesetze und Vorschriften wird hier ausdrücklich hingewiesen!

Selbstverständlich erhebt der Autor keinen Anspruch auf Vollständigkeit.

Das Fahren abseits aller Straßen birgt auch bei der Einhaltung aller im Buch beschriebenen Fahrtechniken immer noch ein Restrisiko für Mensch und Maschine!

Mit dem Begriff Geländewagen sollen in diesem Buch auch die Fahrzeuge der Gattung SUV und Crossover angesprochen werden!

Eine Haftung des Autors und des Verlages für Personen-, Sach-, Vermögens- oder sonstige Schäden ist ausdrücklich ausgeschlossen!

Warum dieses Buch:

Da es auf dem deutschen Markt nicht einmal eine handvoll Bücher gibt, die sich mit dem Thema Off-Road-Fahren aktiv beschäftigen und diese meistens noch markengebunden sind, war ich der Meinung, ein möglichst umfassendes Buch zu schreiben, welches markenunabhängig alles zum Thema Off-Road-Fahren anschaulich erklärt.

Sinn ist es, gerade durch die vermeintlich kleinen Tricks, allen Geländewagenfahrern eine umfassende Schulung bzw. Hilfestellung zu geben.

Gerade auch aus diesem Grund ist ein kleines Kapitel der Fahrt „On-Road" gewidmet, denn vor dem Off-Road kommt das On-Road!

Selbst für erfahrene Off-Roader hält dieses Buch noch Neues und Wissenswertes bereit oder zeigt zumindest neue Gedankenansätze für eine sichere Fahrweise abseits aller Straßen.

Einen guten Geländewagen und Ausrüstung kann sich jeder kaufen. Aber um im Gelände weiter zu kommen sind Fähigkeiten erforderlich, die nur durch häufiges Üben und der entsprechenden Geländebeurteilung erreicht werden können. Dabei helfen finanzielle Mittel nicht immer weiter.

Dieses Buch hilft nicht die Rallye Dakar zu gewinnen, wohl aber das Ziel zu erreichen!

Das selbst gesteckte Off-Road Ziel zu erreichen, ohne dass der Geländewagen in seine Einzelteile zerfällt, ist das Ziel dieses Buches.

Viel Spaß mit diesem Buch und jederzeit „Achs- und Differenzial Bruch".

Arnold Christians 2010

Inhaltsverzeichnis

C) Fahren On-Road

Was jeder können sollte, Teil 1 Grundlagen

D)   Fahren Off-Road

Was noch wichtig ist, Teil 2 Aufbaukurs

E)   Fahren Off-Road

Seilwindeneinsatz

F)   Fahren Off-Road

Wüste, spezielles zur Fahrt in der Sahara

G) FAHREN OFF-ROAD

Expedition, die große Tour

H) FAHREN ON- UND OFF-ROAD

Winterfahrt, Fahren auf Eis und Schnee

I) FAHREN ON- UND OFF-ROAD

Was noch fehlte, Tricks, Kniffe und Info's

J) ON- UND OFF-ROAD

Fahren mit dem Anhänger

K)   INFOS

Interessantes rund um das Hobby Geländewagen

L)   FAHREN OFF-ROAD

M)   FAHREN ON- ROAD

A) Fahren On-Road

Einfache und simple Tricks um On-Road sicherer zu fahren

1) Die Sitzposition

Die Sitzposition in einem Geländewagen unterscheidet sich grundsätzlich von der Sitzposition im einen Sportwagen. Der größte Unterschied ist die aufrechte Sitzposition, die eine bessere Übersicht über das Fahrzeug und somit ein vorausschauendes Fahren erst ermöglicht.

Eine gute und richtige Sitzposition hat einen direkten Einfluss auf die Fahrsicherheit, das eigene Fahrkönnen und damit auf das Handling des Geländewagens. Eine gute Sitzposition ist folgende: Wird das Kupplungspedal durchgetreten, muss noch eine Beugung im Kniegelenk zu erkennen sein. Dieses ist z. B. bei einem Unfall von enormer Bedeutung. Sollte bei einem Aufprall das Knie durchgestreckt sein, so sind Verletzungen im Knie und Hüftgelenk durch die entstehende Aufprallenergie vorprogrammiert. Bei einer leichten Beugung im Kniegelenk, wird das Knie noch ein wenig weiter einknicken und die Aufprallenergie wird so verringert.

Zur perfekten Sitzposition zählt natürlich auch die Rückenlehne. Diese sollte möglichst steil stehen. Diese senkrechte Stellung der Rückenlehne verhindert das Durchrutschen (durchtauchen) unter dem Beckengurt im Falle eines Unfalles.

Gute Sitzposition: Aufrecht, leichte Beugung im Kniegelenk, Arme angewinkelt

TIPP: Durch die steilere Stellung der Rückenlehne kommen Sie nun auch besser an das Lenkrad, der Handballen sollte den oberen Lenkkranz des Lenkrades berühren, während die Schulterblätter noch Kontakt zur Rückenlehne haben.

2) Die Höhenverstellung des Sicherheitsgurtes

Was immer wieder vergessen wird, ist die Höhenverstellung des Sicherheitsgurtes. Nur wenn der Sicherheitsgurt optimal eingestellt ist, kann er seiner Schutzfunktion auch voll gerecht werden.

Wer nicht gerade einen "Defender" fährt, kann den Sicherheitsgurt auch in der Höhe verstellen. Der Sicherheitsgurt sollte so eingestellt werden, dass der obere Verstellbereich des Umlenkpunktes des Gurtes noch unterhalb der Schulter liegt. Sollte, gehen wir wieder vom Negativen aus, das Fahrzeug sich überschlagen, so kann man nicht aus dem Sitz gehoben werden. Der Sicherheitsgurt hält über den oberen Umlenkpunkt die Fahrzeuginsassen im Sitz. Bei einem Umlenkpunkt oberhalb der Schulter die Fahrzeuginsassen immer bis zu diesem Punkt aus dem Sitz gehoben und so zwischen Fahrzeugdecke und Sitz im Rhythmus des Überschlages hin- und hergeschleudert. Jeder kann sich vorstellen, dass das nicht ohne Verletzungen ablaufen kann. Eine Ausnahme gibt es von dieser Regel, wenn eine Verletzung oder sonstige medizinische Gründe gegen diese Einstellung des Sicherheitsgurtes sprechen.

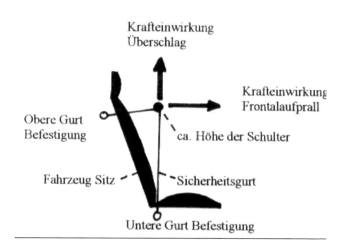

Zeichnerische Darstellung eines Fahrzeugsitzes mit Gurtverlauf

Selbst ambitionierte Rallyefahrer beachten oft diesen Grundsatz der Sicherheit nicht! Meistens werden gute und teure Hosenträgergurte ins Fahrzeug eingebaut wie z.b. sichere 4-Punkt-Gurte mit 3"-Schultergurten! Aber der Anschlagpunkt für den oberen Schulterbereich wird dann leider einige Meter im Heck des Fahrzeugs montiert. Der Effekt im Falle eines Überschlags ist der gleiche, wie oben geschildert. Ein Hosenträgergurt muss zwingend, direkt hinter dem Sitz verankert werden. Dieses setzt allerdings, wenn es perfekt gemacht werden soll, Sport- oder Schalensitze voraus. Bei diesen Sitzen ist es dann möglich die Gurte durch die Lehne zu führen! Gefährlich ist die Lösung, wo die Gurte zwischen Kopfstützen und Rückenlehne verlaufen wie es bei den meisten Originalsitzen der Fall ist.

Der übliche Ablauf eines Auffahrunfalls ist folgender:

- Fahrzeug trifft auf das Hindernis.

- Die Insassen bewegen sich nach dem Aufprall nach vorn und belasten den Gurt.

- Nach dem Ende der Gurtelastizität und der „Gurtlose" kommt es zum maximalen Zurückhalten durch den Sicherheitsgurt.

Nur wenn die auf den Körper einwirkenden Kräfte möglichst „exakt" in den Sicherheitsgurt eingeleitet werden, ist die körperliche Belastung am geringsten. Das bedeutet, dass bei einem Auffahrunfall die obere Schultergurtbefestigung möglichst parallel, also auf gleicher Höhe (eher etwas tiefer) mit der Schulter liegen sollte. Das Gleiche gilt bei einem Überschlag, hier sollte sich die untere Gurtbefestigung möglichst in einer vertikalen Linie mit der Schulter befinden.

Dieses gilt es immer zu bedenken, wenn Sicherheitsgurte in einem Fahrzeug eingestellt oder eingebaut werden. Also: Immer möglichst kurze Wege zu den Gurtbefestigungen am Fahrzeug!

TIPP: Nur der unterste Umlenkpunkt der Sicherheitsgurthöhenverstellung garantiert eine sichere Sitzposition im Falle eines Überschlags

3)   Nicht zu vergessen, die Kopfstützen!

Ein riesiges Sicherheitsplus stellen die Kopfstützen dar. Um Halswirbelverletzungen (Schleudertrauma) bei einem Auffahrunfall zu vermeiden, sollten die Kopfstützen hoch genug eingestellt werden. Selbst bei einem leichten Unfall wird man aus dem Sitz gehoben. Damit der Kopf beim zurückschlagen noch auf die Kopfstütze trifft, sollte die Oberkante der Kopfstütze in gleicher Höhe mit der Oberkante des Kopfes eingestellt werden. Beim Einstellen der Kopfstützen muss zusätzlich darauf geachtet werden, dass zwischen Hinterkopf und der Kopfstütze höchstens noch eine flache Hand passt. Dies wird auch dadurch erreicht, indem man die Rückenlehnen entsprechend steiler stellt, siehe hierzu auch Titel 1.

TIPP: Achten Sie darauf, dass auch alle rückwärtigen Sitzplätze mit Kopfstützen mit ausreichender Verstellmöglichkeit in der Höhe ausgestattet sind!

4) Einstellen der Außenspiegel

Ist das heutzutage wirklich noch ein Thema, das richtige Einstellen der Spiegel? Leider ja! Es ist im alltäglichen Straßenverkehr immer wieder zu beobachten, dass einige Autofahrer sich mit Hilfe des Lenkrades aus dem Sitz ziehen müssen, um den rückwärtigen Verkehr z.b. bei einem Überholvorgang zu beobachten. Deutlicher kann nicht gezeigt werden, dass der Außenspiegel falsch eingestellt ist.

Aber was muss man im linken und rechten Außenspiegel überhaupt sehen? Als erstes muss der Außenspiegel eine Orientierungshilfe sein. Das bedeutet, wenn Sie in Ihrer normalen Sitzhaltung sitzen, sollten Sie nur durch Drehen der Augen und nicht des gesamten Kopfes einen kleinen Teil der hinteren Kante des Geländewagens sehen können. Wenn sie von einem schnelleren Fahrzeug überholt werden, können sie die Geschwindigkeit und den Abstand des Überholenden in der Relation zu der Fahrzeugaußenkante besser einschätzen. Wenn sie einen SUV oder Geländewagen mit großen Außenspiegeln fahren, so ist es sinnvoll, diese zusätzlich noch so einzustellen, dass Sie auch einen kleinen Teil des Hinterreifens sehen können. Auch wenn Sie dadurch etwas aus Ihrem Sitz heraus müssen, um die Reifenaußenkante zu sehen, ist dieses beim rückwärts einparken mithilfe der Spiegel immer eine gute Orientierungshilfe.

Diese Spiegeleinstellung ist gerade auch „Off-Road" in engen Geländeabschnitten wie z.b. Spurrinnen von enormer Bedeutung. Nur auf diese Weise können Sie beim Fahren über spitze Steine verhindern, dass die hinteren Reifen aufgeschlitzt oder beschädigt werden. Die meisten Reifenpannen im Off-Road-Bereich erleiden die Geländewagen an der Hinterachse, weil diese nie im Sichtfeld des Fahrers sind!

Der Innenspiegel sollte das Sichtfeld links hinter dem Fahrzeug abdecken. Ein Fahrzeug, welches überholt, sollte nahtlos vom Innenspiegel in den linken Außenspiegel wechseln können!

TIPP: Mit jedem Wechsel eines Fahrzeugs oder der Sitzposition müssen auch alle Spiegel wieder neu ausgerichtet werden. Nehmen Sie sich diese Zeit zu Ihrer eigenen Sicherheit!

5)   Vollbremsung oder auch Panikbremsung

Wussten Sie, dass für eine Vollbremsung auf trockener Straße ein Pedaldruck von ca. 150 kg bis 180 kg aufgebracht werden muss?

Mit der richtigen Sitzposition ist dieses kein Problem!

Aber was heißt eigentlich Vollbremsung? Von Vollbremsung spricht man, wenn alle Reifen, die mit der Fahrbahn Kontakt haben auch blockieren. Im Normalfall reicht das „normale" Fahrkönnen gerade aus, die Vorderräder zum Blockieren zu bringen, es ist dann jedoch ein noch deutlich höherer Pedaldruck nötig, bis auch die Hinterräder blockieren. Wer es nicht glaubt, möge dieses auf einem Verkehrsübungsplatz oder großen freien Parkplatz einmal üben, jedoch sollte eine zweite Person die Hinterräder beobachten!

Eine Vollbremsung ist Übungssache, aber enorm wichtig!

TIPP: Sollten Sie zu einer Panikbremsung gezwungen werden, etwa durch ein plötzlich auftauchendes Hindernis, fixieren Sie es niemals mit den Augen! Suchen Sie stattdessen nach einer Umfahrung des Hindernisses und beobachten diese Umfahrung.

Es gibt eine einfache Regel im Straßenverkehr: „Dort wo ich hinsehe, fahre ich auch hin"!

Bei einer heftigen Lenkradbewegung zur Umfahrung des Hindernisses kann das Fahrzeug zum Aufschaukeln gebracht werden. Zum Abfangen des Fahrzeugs siehe Titel 7!

6)   Gegenverkehr hat Vorfahrt

Stellen Sie sich folgende alltägliche Situation vor: Sie wollen nach links in eine Straße abbiegen, müssen aber aufgrund des Gegenverkehrs warten. Achten Sie jetzt auf die Stellung Ihrer Vorderräder: In den meisten Fällen zeigen diese bereits in die einzufahrende Straße. Sollte Ihnen in dieser Situation ein Fahrzeug ins Heck fahren, was bei ca. 80% aller innerstädtischen Auffahrunfällen der Fall ist, so wird das bei Ihnen auffahrende Auto sie in den Gegenverkehr drücken. Auch mit der schnellsten Reaktion wäre der Unfall unvermeidlich. Die Unfallfolgen kann sich jeder selber ausmalen.

TIPP: Nie mit eingeschlagenen Vorderrädern an einer Abzweigung oder Kreuzung warten.

7) Aufschaukeln des Geländewagens

Ein Geländewagen mit der Höhe von ca. 2,00 m und einer Bauchfreiheit von ca. 35 cm wird bei einem abrupten Ausweichmanöver wie zum Beispiel dem „Elchtest" aufschaukeln. Nach nur zweimaligen abrupten und entgegengesetzten Lenkradbewegungen (einmal nach links und einmal nach rechts) ist das Aufschaukeln bereits in vollem Gange. Ein Teufelskreis, denn nach jeder Lenkbewegung muss mit der nächsten die vorherige wieder korrigiert werden. Besonders auf schmalen Straßen ist das ein besonders gefährliches Fahrverhalten. Ein Fahrmanöver, das Untrainierte oder Fahranfänger in diesem Augenblick überfordert. Denn gerade Fahranfänger haben meistens eine Schreckstarre in unbekannten Situationen und können nicht handeln. Sie gehen meistens nicht vom Gas herunter und bremsen auch nicht, sondern versuchen lediglich durch instinktives Lenken das Fahrzeug wieder einzufangen, hierdurch verstärkt sich das Aufschaukeln allerdings erheblich.

Provoziertes aufschaukeln durch Slalomfahrt

Wer jetzt kein ESP (Elektronisches Stabilitätsprogramm) besitzt oder andere vergleichbare technische Hilfsmittel, wird sich von der Straße drehen.

Was kann ich tun, damit mir dieses Schicksal erspart bleibt? Es bleiben zwei Möglichkeiten: Kräftig Gas geben oder vollbremsen.

Die Möglichkeit mit dem Vollgas geben geht natürlich nur bei entsprechend kräftigen Motoren, die Möglichkeit der Vollbremsung ist meist die sicherste weil einfachste Möglichkeit. Die Vollbremsung sollte kurz aber heftig (siehe Titel 4, Vollbremsung) sein. Dieser kurze Bremsimpuls stellt sofort die Richtungsstabilität wieder her. Grundvoraussetzung sind allerdings funktionsfähigen Stoßdämpfer.

Etwas, was sicherlich schon fast jeder einmal erlebt hat: Man fährt in die Autobahnabfahrt mit zu hoher Geschwindigkeit und bemerkt, dass die Reifen den „Grip" verlieren und der schwere Geländewagen in Richtung der Grünfläche driftet. Jetzt heißt es sofort „Vollbremsen so lange es noch geht!", und kurz vor der Grünfläche runter von der Bremse, etwas Gas geben und in die Kurve einlenken.

TIPP: Wer diese Situation theoretisch schon einmal durchgespielt hat, hat es später in der Praxis leichter.

8)   Abkommen von der Fahrbahn nach rechts

Häufig ist in der Zeitung von Unfällen zu lesen, bei denen ein Fahrzeug auf gerader Strecke mit dem Gegenverkehr kollidiert ist. Aber wie kommt es dazu? Im Polizeibericht ist meisten dann der Standardsatz zu lesen: „Abkommen von der Fahrbahn nach rechts"!?

Sollte es Ihnen einmal passieren, dass Sie z. B. durch eine Unachtsamkeit nach rechts von der Fahrbahn abkommen und im weichen Fahrbahnseitenraum (Bankett) landen, versuchen sie nicht wie die meisten Autofahrer durch ein schlagartiges nach links lenken ihren schweren Geländewagen wieder auf die Straße zu bekommen. Da der schwere Geländewagen im weichen Bankett einsinkt, wird das Profil der Reifen mit Boden zugeschmiert und die Vorderräder können nicht sofort an der Fahrbahnkante Halt finden. Die normale Reaktion ist jetzt, noch weiter nach links einzulenken, doch dann plötzlich greifen die Vorderräder und der schwere Geländewagen schießt unkontrolliert über die Straße in den Gegenverkehr. Ein kurzes Glück hat einer, wenn gerade kein Gegenverkehr kommt. Leider muss dann wieder schlagartig nach rechts gelenkt werden, was zur Folge hat, dass selbst die besten Anti-Schleuder-Programme der Physik nicht mehr Herr werden können.

Aber keine Angst auch hier gibt es für den besonnenen Fahrer eine Lösung:

Abkommen von der Fahrbahn nach rechts, Ihr Fahrzeug versinkt im weichen Seitenraum, der Boden schlägt laut in den Radkästen. Trotz der ungewohnten Geräuschkulisse nicht in Panik verfallen.

Weichplastik-Hohlkörper, der Leitpfosten

TIPP: Versuchen Sie das Lenkrad gerade zu halten, nicht die Kupplung zu treten und sanft zu bremsen. Sollte jetzt noch ein Leitpfosten auf sie zukommen ist auch dieses kein Hindernis. Leitpfosten bestehen aus Kunststoff und brechen ab. Hat sich jetzt die Geschwindigkeit deutlich verringert, können sie Ihren Geländewagen gefahrlos auf die Straße lenken. Somit werden Sie nicht die Titelseite Ihrer Tageszeitung schmücken, sondern höchstens eine Randnotiz sein „Verschmutzte Fahrbahn".

9)   Auskuppeln in der Kurve ?

Wer einen Geländewagen mit Automatikgetriebe besitzt, kann eigentlich gleich zum nächsten Titel wechseln.

Es ist auch bei sehr erfahrenen Fahrzeuglenkern immer wieder zu beobachten, dass beim Abbiegen das Kupplungspedal durchgetreten wird, selbst bei Autobahnabfahrten ist dieses Phänomen zu sehen. Wenn der Motor aber vom Getriebe abgekoppelt wird, verändert sich die Fahrphysik gravierend. Wer dieses ausprobieren möchte, sollte mit ca. 30 km/h zwei bis drei Kreisrunden fahren und dann plötzlich die Kupplung treten. Das Fahrzeug wird sofort instabil und bricht aus.

TIPP: Deshalb niemals mit getretenem Kupplungspedal durch eine Kurve fahren oder auch nicht „nur" abbiegen. Was nützt die modernste Technik wie ESP oder ASR, wenn sie im Notfall nicht regelnd und helfend eingreifen kann!

Über das richtige Bremsen haben Sie im Titel 3 gelesen, also können Sie davon ausgehen, dass Sie es beherrschen. Aber meistens ist das Bremsen nur der erste Schritt, während der zweite Schritt das richtige Ausweichen ist!

Stellen Sie sich folgende Alltagssituation einmal vor: Sie fahren innerorts auf einer geraden Straße, ein Fahrzeug kommt aus der rechten Seitenstraße und nimmt Ihnen die Vorfahrt. Trotz Vollbremsung reicht der Bremsweg nicht aus. Das von rechts kommende Fahrzeug hat seinen Fehler bemerkt und gestoppt, blockiert dadurch aber Ihren Fahrstreifen. Es bleibt Ihnen somit nichts anderes übrig, als nach links auszuweichen.

Fahrzeuge mit ESP können ohne größere Probleme nach links ausweichen und anschließend wieder nach rechts zur eigentlichen Fahrspur lenken. Es darf auch mit ESP auf keinen Fall die Kupplung getreten werden, das Fahrverhalten des Geländewagens ändert sich dramatisch: Das ESP kann jetzt nicht mehr über die Motorsteuerung eingreifen und das Fahrzeug abfangen. Wenn die Bremse beim Ausweichen weiterhin voll getreten wird, kann auch das ESP nicht korrekt arbeiten, da es über das ABS-System gesteuert wird. Besser ist es, die Bremse beim Ausweichen etwas zu lösen.

Sicherlich sehr viel Theorie, aber besser einmal durchgedacht und anschließend dran gedacht, als nur die Augen vor einen der häufigsten innerstädtischen Unfalltypen zu verschließen.

Übung: **Vollbremsen mit anschließendem Ausweichen**

Fahrzeuge ohne ESP sind schwerer abzufangen und können sich sehr schnell aufschaukeln. Das Fahrzeug ohne ESP erfordert etwas mehr Fahrkönnen. Auch hier weichen wir nach links aus, machen dann aber eine sehr kurze Vollbremsung, lösen die Bremse sofort wieder, lenken nach rechts und kurz geradeaus, machen wieder eine sehr kurze Vollbremsung und können anschließend wieder auf unsere rechte Spur einlenken. Die Geschwindigkeit müsste jetzt bei nahezu 0 km/h angekommen sein. Die sehr kurzen Vollbremsungen haben nur einen Grund: Das Aufschaukeln des hohen und schmalen Geländewagens zu verhindern. Voraussetzung für diese Fahrmanöver sind einwandfrei funktionierende Stoßdämpfer!

➔ Diese Übung wird in den Fahrsicherheitstrainings oft auch als „Bremshaken" bezeichnet!

11) Das vorausschauende Fahren!

Vorausschauend fahren Sie sicherer, durch das höhere Sitzen im Geländewagen fällte es Ihnen auch leichter, weiter nach vorn zu sehen.

Die meisten Autofahrer auf Autobahnen, Bundesstraßen oder Landstraßen fixieren aber immer nur das Heck des direkt vorrausfahrenden Fahrzeugs. Diese Fahrer reagieren also immer erst dann, wenn der direkt vorrausfahrende Wagen bremst. Es werden dadurch bei einer Vollbremsung wertvolle Zeit und damit Meter verschenkt.

Nur wer weit nach vorne schaut, erkennt Gefahren wesentlich früher und kann auch besser die Fahrspur halten.

Wie in Titel 10 dargestellt, kann es z. B. zu folgender Situation kommen: Ein Fahrzeug steht an einer Nebenstraße und möchte auf Ihre vorfahrtberechtigte Straße einbiegen. Sie sollten jetzt in vorausschauender Weise auf den Fahrer achten, ob er Sie auch sieht. Wenn Sie feststellen, dass der Fahrer gerade zur anderen Seite blickt, bleiben Sie bremsbereit, er könnte jetzt losfahren ohne Ihr Fahrzeug zu bemerken.

Vorausschauendes Fahren bedeutet auch, möglichst weit in Kurven hinein zu sehen. Ist die Kurve frei von Hindernissen befahrbar oder wird die Kurve in ihrem Verlauf immer enger?

Wie sieht es bei Ihnen mit den Rückspiegeln aus? Auch das ist vorausschauendes Fahren, immer zu wissen was von hinten kommen kann. Nur wenn man weiß, welche Fahrzeuge hinter einem herfahren, wird man auch von einem lauten Motorrad, das mit hoher Geschwindigkeit überholt, nicht überrascht! Die Rückspiegel sind dann korrekt eingestellt, wenn diese aus dem Augenwinkel beobachtet werden können (siehe Titel 4).

12) *Was bedeutet eigentlich Geländewagen, SUV,....*

a)   Geländewagen

Geländewagen sind Automobile zum Befahren von schwierigem Gelände abseits von asphaltierten Straßen. Sie zeichnen sich meistens durch folgende Merkmale aus:

➜ höhere Bodenfreiheit, mindestens 20cm

➜ Kurze Karrosserieüberhänge, vorn wie hinten

➜ Rahmenbauweise auch Leiterrahmen genannt

➜ Allradantrieb, permanent oder zuschaltbar

➜ Untersetztes Getriebe (Getriebereduktion)

➜ Differenzialsperre, meist Mitteldifferenzial, teilweise gegen Aufpreis Achsdifferenzialsperren

➜ Verschränkungsfähiges Fahrwerk (Punkt g)

➜ Robuste Starrachsen

➜ Größere Räder meist 16 Zoll, gröberes Reifenprofil ab Werk

➜ Robuste und möglichst einfache Technik

Aufgrund dieser Auflistung wird jedem sofort klar, dass es kaum noch „echte" Geländewagen gibt. Die meisten Geländewagen fallen demzufolge in die Kategorie SUV (siehe Punkt b).

Klassischer Geländewagen, Mercedes G 460, Baujahr 1979

Es gibt noch Ausnahmen, soweit sie heute noch neu zu erwerben sind:

➜ Land-Rover Defender

➜ Toyota HZJ

➜ Nissan Patrol

➜ Mercedes G

➜ Iveco Massif

➜ Jeep Wangler

b)   SUV

Ein „Sport-Utility-Vehicle" (Sportliches Vielzweck Fahrzeug) ist fast einem PKW vergleichbar mit gleichem oder ähnlichem Fahrkomfort, wie bei einer Limousine, jedoch mit einer erhöhten Geländegängigkeit. SUVs ähneln technisch üblicherweise normalen Pkw's, verfügen aber über einen Allradantrieb. Der karosserietechnische Aufbau des Fahrzeuges ist hinsichtlich der Proportionen an den von Geländewagen angelehnt.

Typischer Vertreter der Gattung „SUV", Mercedes-Benz GLK

Typische technische Unterschiede sind:

➔ Das Getriebe eines SUV verfügt nicht immer über ein Untersetzungsgetriebe.

➔ Einzelradaufhängung und ein selbsttragendes Chassis.

➔ Meistens keine Differenzialsperren

➔ Geringere Bodenfreiheit

➔ Deutlich schlechtere Rampen- und Böschungswinkel

➔ Keine oder sehr geringe Achsverschränkung

➔ Meistens mit elektronischen Reglern überfrachtet, als Ausgleich für das nichtvorhandensein von Achsverschränkung und Untersetzungsgetriebe.

Aufgrund dieser Aufzählung ist eindeutig zu erkennen, dass fast alle heute zulassungsfähigen Geländewagen in die Klasse der SUV gehören.

c)   Crossover

Als Crossover (Kreuzung) oder auch Softroader werden die Verbindungen von verschiedenen Fahrzeuggattungen wie z.b. SUV, Kombilimousine und Sportwagen bezeichnet. Die Crossover-Fahrzeuge haben meistens Allradantrieb und etwas erhöhte Bodenfreiheit, besitzen aber kein Untersetzungsgetriebe, keine Achssperren und auch keine Stilelemente eines Geländewagens mehr. Diese Fahrzeuggattung eignet sich nicht fürs Gelände und ist nur zum ziehen von Anhängern auf einer Wiese geeignet. Dafür fallen die Nachteile der Geländewagen und SUV wie z.b. höherer Kraftstoffverbrauch, schlechtere Fahrleistungen und schwerfälliges Fahrverhalten fast komplett weg. Crossover-Fahrzeuge kann man als Sportliche PKW mit Allradantrieb mit zumeist PS-starken Motoren bezeichnen.

Typische Crossover sind, z.B.: Audi A6 allroad, Nissan Qashqai, BMW X6, X5, X3, X1, Volvo XC 70, Subaru Forester, usw.

Anmerkung: BMW zeigt besonders viel Fantasie und bezeichnet den X5 auch als „SAV" (Sports Activity Vehicle), der X6 wird entsprechend als „SAC" (Sports Activity Coupe) bezeichnet. Dieses sind allerdings BMW eigene Bezeichnungen und keine am Markt üblichen oder gebräuchlichen Bezeichnungen.

d)   4 WD

4WD, Four Wheel Drive, im amerikanischen ist vereinzelt auch FWD für Four Wheel Drive gebräuchlich. Es bezeichnet nichts anderes als Vierradantrieb. Es gibt keinen Hinweis, ob ein permanenter oder zuschaltbarer Allrad-Antrieb vorhanden ist. Es ist allerdings ein allgemein gebräuchlicher Begriff für die meist mit Zuschaltallrad-System ausgestatteten Fahrzeuge geworden.

e)   Verteilergetriebe oder Low Range

Ein Verteilergetriebe ist ein nach dem Basis-Getriebe (Hauptgetriebe) verbautes Getriebe. Es wird bei Fahrzeugen verwendet, bei denen mehrere Achsen angetrieben werden (Geländewagen). Das Getriebe verteilt die Antriebsleistung auf mehrere (bei Geländewagen meistens zwei) Achsen über einen Abtrieb je Achse. Je nach Typ können die einzelnen Achsen zu- und abgeschaltet werden.

Zusätzlich werden im Verteilergetriebe auch die Untersetzung (Low-Range) integriert, dieses ist bei Geländewagen zwingend erforderlich.

f)   Differenzialsperre

Die gebräuchlichste Differenzialsperre (weil meist serienmäßig) ist das Zentraldifferenzial, auch Mittendifferenzial oder Längsdifferenzial genannt. Sie ist hinter dem normalen Getriebe (nach der Handschaltung, Automatik, oder sequentielles Getriebe) in einem zusätzlichen Verteilergetriebe eingebaut.

Was ist die Aufgabe des Differenzials? Da die Räder einer Achse beim Fahren in einer Kurve unterschiedlich lange Wege zurücklegen und sich somit unterschiedlich schnell drehen, dürfen sie nicht starr miteinander verbunden werden. Damit jedes Rad mit einer unterschiedlichen Geschwindigkeit drehen kann, ist ein offenes Differenzial nötig.

Als nächstes gibt es noch Differenzialsperren, die zwischen den beiden Rädern einer Achse als Achsdifferenzial eingebaut sind.

Eine Achsdifferentialsperre besteht aus einem normalen Differential und einer mechanischen Sperre, die unter schweren Bedingungen (Geländefahrt, Eis, usw.) manuell zugeschaltet werden muss und das Differenzial außer Funktion setzt und blockiert, so dass die vom Differenzial bekannte Ausgleichsfunktion nicht mehr gegeben ist. Man nennt diese Form der Sperre auch „100-%-Sperre".

Bei den gebräuchlichsten nachrüstbaren Sperren unterscheidet man drei Funktionsprinzipien: Die schaltbare über Überdrucksperre (z. B. Druckluft), die Unterdrucksperre und die automatische Achsdifferenzialsperren. Mittlerweile gibt es für jeden Geländewagen eine 100%-Differenzialsperre zum Nachrüsten.

g)   Achsverschränkung

Mit das Wichtigste für einen Geländewagen ist es, möglichst alle Räder auf dem Boden zu halten; denn nur so können Antriebs- und Bremskräfte übertragen werden. Daher ist eine möglichst große Verschränkung der Räder bzw. Achsen sehr wichtig. Die diagonale Achsverschränkung ist der Wert des Abstandes der maximalen Auslenkung der Vorderachse zur Hinterachse.

Dieser Achsverschränkungswert spielt zum Beispiel bei einer Dünenüberquerung eine große Rolle. Ein zu hartes Fahrwerk mit minimaler Achsverschränkung wird bei der Dünenüberquerung große Probleme bereiten und sich recht häufig einsanden! Bei einem derart harten Fahrwerk hilft nur das Nachrüsten einer Achssperre.

diagonale Achsverschränkung

Der Wert der Achsverschränkung wird nicht an einer Achse gemessen, sondern über beide Achsen!

Da die meisten Geländewagen eine deutlich bessere Achsverschränkung an nur einer Achse (vorne oder hinten) haben, würde sich sonst kein vergleichbarer Wert errechnen lassen.

B)   Fahren On-Road

Technisches Grundwissen

1)   Der Allradantrieb

Der Allradantrieb wird in zwei Systeme unterschieden: In den zuschaltbaren und den permanenten Allradantrieb. Grundsätzlich wird bei beiden Allradsystemen die Kraft des Motors über das Getriebe zu beiden Achsen verteilt.

Der Zuschaltallrad hat den Vorteil, dass dieses System im überwiegenden Fahrzustand (Heckantrieb) ein gewohntes Fahrverhalten von heckangetriebenen PKW's zeigt. Der Verbrauch ist im Vergleich zu einem permanenten Allradantrieb um ca. 0,3 bis 0,5 Liter auf 100 km niedriger. Zu Beginn der Geländewagenentwicklung war der Zuschaltallrad das einfachste und preisgünstigste System. Hergestellt wird der Zuschaltallrad heute fast nur noch für klassische Geländewagen. Einen Zuschaltallradantrieb besitzen z.b. Opel Frontera, Toyota Land Cruiser HDJ und HZJ, Nissan Patrol, Mercedes G der Baureihe 460 und 461, Suzuki Jimny und Samurai, usw.

Auf der Straße hat der Heckantrieb, bedingt durch die hohe Karosserie und das Eigengewicht, einen erhöhten Schlupf bei Kurvenfahrt an der Hinterachse. Durch den erhöhten Schlupf können die Hinterräder sehr schnell, fast vollständig die Fähigkeit verlieren, Seitenführung aufzubauen, was nicht nur für ungeübte Fahrer gerade auf nasser Fahrbahn schwer beherrschbar ist. Dieser gefährliche Effekt tritt besonders stark bei Pick-Up's mit Heckantrieb auf. Wird die zweite Achse (meist die Vorderachse) zugeschaltet, findet kein Drehzahlausgleich zwischen beiden Achsen mehr statt. Dieses hat zur Folge, dass es bei Kurvenfahrt zu Verspannungen im Antriebsstrang und Getriebe kommt und damit auch zu einem hohem Reifenverschleiß, bei eingelegtem Allradantrieb.

Fahrzeuge mit permanentem Allrad haben für den Drehzahlausgleich zwischen Vorderachse und Hinterachse ein Differenzial im Verteilergetriebe. Dieser Drehzahlausgleich zwischen den Achsen findet auch immer dann statt, wenn er nicht gebraucht wird, z.B. auf glatter oder verschneiter Fahrbahn oder Off-Road. Es dreht immer das Rad durch, welches am wenigsten Traktion hat oder bei Geländefahrt in der Luft hängt. Nur mit Hilfe eines zentralen Sperrdifferenzials mit 100% Sperrwirkung kann dieses verhindert werden. Denn ohne diese Sperrdifferenzial verliert der Geländewagen im Ernstfall den Vorteil des Allradantriebes, da das vollständige Motordrehmoment an einem Rad ohne Traktion verpuffen kann. Einen permanenten Allradantrieb besitzen z.B. Toyota Land Cruiser, Mercedes G Typ 463 / ML / GLK, Suzuki Viatra, Lada Niva, Audi, Land Rover,Jeep, VW, BMW, Porsche, usw.

Nachteile des Allradantriebs ist die gute Beschleunigung, gerade auf nassen, vereisten oder verschneiten Fahrbahnen. Dieses kann schnell zu einem falschen Sicherheitsgefühl führen. Mit Allradantrieb hat das Fahrzeug zwar eine bessere Traktion als zweiradangetriebene Fahrzeuge, aber zum Bremsen verwenden alle Allradfahrzeuge auch nur vier Räder, so dass sie keine kürzeren Bremswege haben.

TIPP: Ohne die Sperrung des Ausgleichs- oder Verteilergetriebes (Mitteldifferenzialsperre) ist der Allradantrieb bereits bei nur einem durchdrehenden Rad wirkungslos. Das bedeutet, auch beim permanenten Allradantrieb muss immer noch die Mitteldifferenzialsperre aktiviert werden, bevor es ins Gelände geht.

2) Wo liegen die Achsdifferenziale

Nicht immer kann man kleineren Hindernissen wie z. B. kleinen Baumstümpfen oder Steinen, ausweichen. Diese werden dann meisten zwischen die Räder genommen und überfahren.

Hierbei ist es wichtig zu wissen, wo sich der tiefste Punkt am Geländewagen befindet. Die tiefsten Punkte sind in der Regel immer die Achsdifferenziale bei Starrachsen. Deshalb muss das Hindernis so überfahren werden, dass eine Berührung mit den Achsdifferenzialen auszuschließen ist.

Dieses erfordert aber genaue Kenntnis, wo beim Fahrzeug die Differenziale angeordnet sind (hier in Gelb dargestellt). Im Idealfall ist es so wie bei den klassischen Geländewagen, Achsdifferenziale weit außen und auf einer Seite. So bleibt viel Platz zum Überfahren von Hindernissen.

Einige Geländewagen Beispiele sind hier aufgeführt:

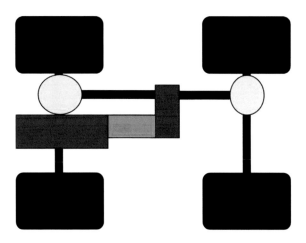

Achsdifferenziale auf einer Seite: Die meisten Klassischen Geländewagen wie z. B. Mercedes-Benz G, Range Rover, Land Rover Defender, Toyota HZJ

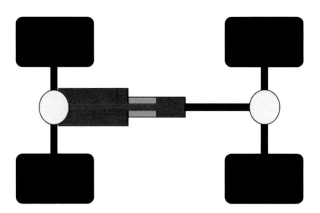

Achsdifferenziale mittig: z. B. Hummer

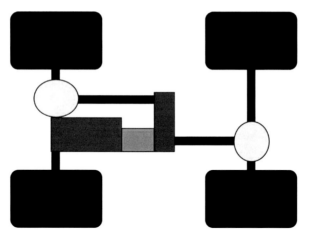

Achsdifferenziale außen, links und rechts: z.B. Jeep CJ, älterer Jeep Cherokee, und einige andere Geländewagen

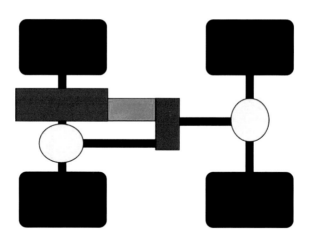

Achsdifferenziale außen und mittig: Grand Cherokee, Jeep TJ, Mercedes-Benz ML und die meisten SUV

3)   Motor stirbt auf den Bahngleisen ab

Eine Überschrift, wie man sie häufiger einmal in der Zeitung liest, dass ein Fahrzeug auf den Bahngleisen liegen bleibt. Ein Fahrzeug mit Schaltgetriebe lässt sich aber dennoch bewegen!

Wenn die Batterie und der Anlasser in Ordnung sind, braucht nur der 1. Gang eingelegt zu werden. Durch das andauernde Starten des Motors wird der Anlasser aktiviert, so dass das Fahrzeug von den Bahnschienen oder Straßenrand „hoppelt" oder „ruckelt". Ein normaler Anlasser hat zwischen 0,6 bis 2,5 KW. Diese KW-Leistung reicht aus, um das Fahrzeug, wenn auch etwas holprig, von der Bahnschiene oder Straßenrand zu bekommen.

Diese Methode funktioniert nicht mit einem Automatikgetriebe!

TIPP: Sollte Sie einmal auf Bahnschienen liegen bleiben, verlassen Sie dennoch sofort das Fahrzeug und bringen sich und Ihre Mitfahrer in Sicherheit!

4)   Der Plötzliche Turbo Tod

Wer den Porsche 911 Turbo als seinen Traumwagen in den achtziger Jahren auserkoren hatte, musste in der Presse immer wieder vom plötzlichen „Turboladersterben" lesen.

Dieses Problem haben jedoch alle Motoren, die durch einen Turbolader „zwangsbeatmet" werden. Alle Turbolader werden durch das Motorenöl gekühlt, daher muss das Motorenöl ganz genau vorgegebene Spezifikationen erfüllen. Aber auch mit diesem Öl kann es vorkommen, dass, wenn man z. B. nach einer schnellen und langen Autobahnfahrt auf einen Parkplatz abfährt und den Motor sofort ausstellt, der Motorölfluss im rotglühenden Turbolader (bis 1.000 C° bei Vollgas) abrupt zum Stehen kommt. Das Öl verbrennt im Turbolader (Verkokung)! Die dabei entstehenden Ablagerungen setzen sich auf die Turboladerschaufeln ab und bilden hier eine starke Unwucht. In der Folge kann dann der Turbolader beim Starten blockieren oder er wird durch die Unwucht zerstört. Dieses Problem zieht sich durch alle Marken und Baureihen.

In der Betriebsanleitung des Saab 900 Turbo ist vermerkt, dass der Turbo beim ausgeschalteten Motor bis zu einer Minute nachlaufen kann!

TIPP: Dabei ist die „Lösung" so einfach: Nach dem Anhalten den Motor laufen lassen (ca. 30 bis 60 sec.) und z. B. Sicherheitsgurt lösen, die persönlichen Sachen zusammensuchen und erst dann den Motor ausschalten. Der Turbolader hat sich dann so weit abgekühlt, dass das Öl im Turbolader nicht mehr verbrennen kann. Dieses gilt sowohl für Benzin- und Dieselmotoren.

Bei keinem meiner Turbodiesel-Geländewagen hatte ich mit diesem „Trick" je ein Problem mit den Turboladern, auch nach über 300.000km Laufleistung nicht!

5) Vermeiden Sie einen Lagerschaden!

Es ist ein Schaden der häufig nur bei Fahrzeugen mit Schaltgetriebe auftritt! Sie haben bestimmt auch schon von dem berüchtigten Lagerschaden an der Kurbelwelle gehört oder sogar schon selbst einen erlebt! Die Kurbelwelle hat die Aufgabe, die vom Kolben auf die Pleuelstange(n) übertragene Kraft als Drehmoment an die Kupplung weiterzuleiten.

Wenn ein Lagerschaden auftreten sollte, dann handelt es sich meistens um das Passlager, dieses Passlager hat als Unterschied zu dem normalen Kurbelwellen-Lagen einen Bund (höhere Seiten). Das Passlager ist das Kurbelwellen-Hauptlager zur Begrenzung der Längsverschiebbarkeit der Kurbelwelle!

Das Passlager sitzt in der Mitte oder am Ende der Kurbelwelle und nimmt den Druck der Kupplung über den höheren Bund, beim Trennen der Kupplung wie z.B. beim Schalten, auf. Der Bund, also die Seite des Passlagers, ist beim Starten des Motors nicht geölt und ist immer dann einem erhöhten Verschleiß ausgesetzt, wenn man zum Starten des Motors die Kupplung betätigt! Das Passlager wird erst dann geölt, wenn die Ölpumpe mit dem Starten des Motors auch Öl fördert.

TIPP: Beim Starten des Motors beim Schaltgetriebe den Gang rausnehmen, dann starten und keinesfalls die Kupplung dabei betätigen! Auf diese Art entsteht am Passlager kein Kupplungsdruck und der Verschleiß wird deutlich verringert!

6) Was die Zahlen auf dem Reifen bedeuten

AT Reifen   **MT Reifen**

Beachten Sie bei der Auswahl Ihres neuen Reifens die Angaben zur passenden Reifengröße im KFZ-Schein Ihres Fahrzeugs (Ziffer 20-23 (Alt!)) bzw. den entsprechenden Ergänzungen.

TIPP: Von allen Reifenherstellern werden auch andere Rad- und Reifenkombinationen freigegeben und mit entsprechenden TÜV-Freigaben ausgestellt. Planen Sie also andere Reifengrößen oder auch nur breitere Reifen, sehen Sie sich auf den Internet-Seiten der Reifenhersteller um, oder erkundigen Sie sich bei Ihrem sachkundigen Reifenhändler nach Umrüstmöglichkeiten. Diese Vorgehensweise ist auch bei der Suche nach Winterreifen sehr hilfreich.

Die Angaben in Ihrem KFZ-Schein beschreiben die Maße, Bauart, Traglast (Loadindex) und den Geschwindigkeitsindex (Speedindex) nach folgendem

Beispiel:

275 / 70	R	16	114	H
Breite und Höhe	Reifenbauart	Felgengröße	Loadindex	Speedindex

Geschwindigkeitsindex oder auch Speedindex

Das Buchstabenkürzel für den Geschwindigkeitsindex (SI) beschreibt folgende zulässige Höchstgeschwindigkeiten für Ihren Reifen:

L	M	N	P	Q	R	S	T	U	H	VR	V	ZR	W	Y	
120	130	140	150	160	170	180	190	200	210	> 210	240	> 240	270	300	(km/h)

Traglast oder auch Loadindex

Die Traglast eines Reifens wird über eine Kennzahl, dem Loadindex (LI), angegeben. Die effektive Traglast ist nicht identisch mit der Kennzahl, sondern wird laut nachfolgender Tabelle in Kilogramm übersetzt.

LI		KG	LI		KG	LI		KG	LI		KG
50	=	190	70	=	335	90	=	600	110	=	1060
51	=	195	71	=	345	91	=	615	111	=	1090
52	=	197	72	=	355	92	=	630	112	=	1120
53	=	200	73	=	365	93	=	650	113	=	1150
54	=	212	74	=	375	94	=	670	114	=	1180
55	=	218	75	=	387	95	=	690	115	=	1215
56	=	224	76	=	400	96	=	710	116	=	1250
57	=	230	77	=	412	97	=	730	117	=	1285
58	=	236	78	=	425	98	=	750	118	=	1320
59	=	243	79	=	437	99	=	775	119	=	1360
60	=	250	80	=	450	100	=	800	120	=	1400
61	=	257	81	=	462	101	=	825	121	=	1450
62	=	265	82	=	475	102	=	850	122	=	1500
63	=	272	83	=	487	103	=	875	123	=	1550
64	=	280	84	=	500	104	=	900	124	=	1600
65	=	290	85	=	515	105	=	925	125	=	1650
66	=	300	86	=	530	106	=	950	126	=	1700
67	=	307	87	=	545	107	=	975	127	=	1750
68	=	315	88	=	560	108	=	1000	128	=	1800
69	=	325	89	=	580	109	=	1030	129	=	1850

Unterschiedliche Bezeichnungen bei fast identischen Reifengrößen

Hier eine Gegenüberstellung unterschiedlicher Reifenbezeichnungen in den gebräuchlichsten Größen, die jedoch in ihren Abmessungen kaum voneinander unterscheiden:

Standartgröße in Zoll	Metrisches System	Amerikanisches System
8 R15	225/75 R15	28x8,5 R15
9 R15	235/75 R15	30x9,5 R15
10 R15	255/75 R15	31x10,5 R15
	285/75 R15	31x11,5 R15
11 R15	325/60 R15	32x11,5 R15
12 R15		33x12,5 R15
6.00-R16	175 R16	
7.00-R16	215/85 R16	
7.50-R16	235/85 R16	32x9,5 R16
	225/75 R16	28x9,5 R16
	245/75 R16	31x9,5 R16
	265/75 R16	32x10,5 R16
	285/75 R16	33x11,5 R16
9.00-R16	255/100 R16	
	280/85 R16	35x10,5 R16
	305/70 R16	33x12,5 R16
	315/75 R16	35x12,5 R16
	375/55 R16	33x15,5 R16
	375/65 R16	36x15,5 R16

7)   Achten Sie auf Ihre Reifen

Hier die wichtigsten, bekannten und nicht so bekannten Tricks und Hinweise

a) Der Luftdruck

Trotz modernster Fertigungstechnologie verringert sich der Luftdruck in den Reifen ständig. Kontrollieren Sie deshalb mindestens alle 14 Tage den Luftdruck der Reifen.

Welchen Luftdruck Ihre Reifen benötigen, entnehmen Sie der Bedienungsanleitung Ihres Geländewagens, soweit es sich noch um die Originalbereifung handelt. Dieses gilt besonders für runderneuerte Reifen, die auf zu niedrigen Luftdruck sehr empfindlich reagieren können!

Sind andere Reifen oder Größen montiert, erkundigen Sie sich bei Ihren Reifenhändler oder Reifenhersteller nach dem korrekten Luftdruck. Eine Schätzung des Luftdruckes reicht meistens nicht aus, da die empfohlenen

Luftdrücke der Reifen teilweise ganz erheblich von dem Luftdruck der Originalbereifung abweicht. Ein falscher Luftdruck beeinflusst den Reifenverschleiß und die Fahrsicherheit!

TIPP: Luftdruck immer am kalten Reifen prüfen und nie vom warmen Reifen Luft ablassen! Es wird für die Straße empfohlen den Luftdruck um 0,2 bar über den Werksangaben einzustellen. Dadurch ist der Rollwiderstand der Reifen deutlich geringer. Mit das wichtigste Geländewagenzubehör ist ein Reifendruckmanometer!

b) Das Profil

Kontrollieren Sie regelmäßig und besonders vor längeren Fahrten oder beim Herausfahren aus einem Off-Road Gelände das Profil Ihrer Reifen auf Beschädigungen und Auffälligkeiten. Zu geringe Profiltiefe, besonders bei Winterreifen, erhöht die Aquaplaninggefahr. Der ADAC rät zu einer Profiltiefe von mindestens 4mm für Straßenreifen.

c) Rundlauf

Ungleichmäßige Profilabnutzung deutet auf einen gestörten Radumlauf hin, hervorgerufen durch z. b. defekte Stoßdämpfer, falsch eingestellte Spur, Radunwucht oder falschen Luftdruck. Von all diesen Ursachen, können Sie nur den Luftdruck selbst kontrollieren und einstellen.

Hier bleibt also nur der Weg in den Reifenfachhandel um den Fehler zu beseitigen.

d) Reifenschäden

Das in „Off-Road"-Kreisen berühmt-berüchtigte Platzen der Reifen auf der tunesischen Autobahn, auf dem Rückweg aus der Wüste zum Hafen „La Goulette", ist sicher hinlänglich bekannt. Aber wie kommt es immer wieder zu diesen Reifenplatzern?

Ein geplatzter Reifen läuft sofort von der Felge!

Da die Reifen in den Wochen vorher einiges auszuhalten hatten, kann es zu Schäden an den Reifen oder Felgen gekommen sein. Aus diesem Grunde sollten die Reifen, bevor es wieder auf Schnellstraßen oder Autobahnen geht auf Risse, Beulen, Einschnitte oder eingedrungene Fremdkörper überprüft werden. All diese Verletzungen der Reifen bringen während der langen Autobahnfahrt zusätzlich einen sehr großen Wärmeeintrag in den verletzten Reifen, wodurch sich der Luftdruck derart erhöhen kann, dass der Reifen im Bereich der Beschädigung platzen kann! Sollte der Reifen platzen, läuft der Reifen sofort von der Felge und der Geländewagen wird instabil!

TIPP: Nutzen Sie jede Rast um alle Reifen einmal anzufassen, ein verletzter Reifen ist an der hohen Oberflächentemperatur sofort zu bemerken. Vorsicht der Reifen kann extrem heiß sein!

e) Reifenalter

Aufgrund physikalischer und chemischer Prozesse altern weniger benutzte Reifen ebenso wie Reifen, die im ständigen Gebrauch sind. Es kann somit nur empfohlen werden, Reifen, die älter als sechs Jahre sind, nicht weiter zu verwenden und das sechs Jahre alte Reserverad nur noch im Notfall einzusetzen.

Das Alter eines Reifens ist an der DOT-Nummer (DOT: Department of Transportation) zu erkennen. Bei der DOT-Nummer auf der Reifenflanke kam es im Jahr 2000 zu einer Umstellung, vor diesem Datum waren die Nummern dreistellig wie z.B. „168" was für die Herstellung dieses Reifens bedeutet: 16.

Woche im Jahr 1998. Nach dem Jahr 2000 wurde die Nummer vierstellig wie z.B. „2702" was in dieser Logik auf die 27 Woche im Jahre 2002 hinweist.

TIPP: Auch wenig benutzte Reifen können durch Lagerung rissig werden. Das ist gut sichtbar im Bereich der Felge. Diese Reifen dürfen dann auf keinen Fall als Fahrbereifung eingesetzt werden.

f) Reserverad

Bei dem Reserverad muss der Luftdruck um mindestens 0,5 bar höher eingestellt werden, damit eine ständige Betriebsbereitschaft gewährleistet ist. Es ist drauf zu achten, dass das Reserverad auch zu der als Fahrbereifung benutzten Felge und Radgröße passt. Bei der Verwendung unterschiedlicher Radsätze sind die entsprechenden Radschrauben nicht zu vergessen!

→ Die Reifen beeinflussen entscheidend das Fahrverhalten und die Sicherheit des Geländewagens. Deshalb sollten diese Tipps besonders beachtet werden.

→ Reifen haben ein Gedächtnis und können bei Verletzungen, wie beispielsweise durch einen Bordsteinrempler, noch Monate oder Jahre später platzen!

g) Traglast (Loadindex)

Die Traglast oder besser die Tragfähigkeit der Reifen ist immer für den normalen Luftdruck und für die maximal zugelassene Geschwindigkeit des Reifens angegeben.

Das bedeutet, dass, wenn der Luftdruck im Gelände verringert wird, auch die Tragfähigkeit des Reifens abnimmt! Diese Erkenntnis hat eine enorme Bedeutung beim Fahren mit einem Druck von nur 1,0 bar wie z.B. im Sand.

Wird mit normalem Luftdruck gefahren, aber nicht mehr als 5 km/h, so kann sich beim MT-Reifen die Traglast fast verdoppeln!

TIPP: Man kann also mit der Traglast eines Reifens im Notfall ein wenig „jonglieren", wenn z.B. für kurze Strecken hohe Lasten transportieren werden müssen.

8)   Auf welche Achse gehören die besseren Reifen?

Auf welche Achse die besseren, also die weniger abgefahrenen oder neuen Reifen montiert werden sollten, sorgt immer wieder für Diskussionen.

Hierbei braucht es nur folgende logische Überlegung: Neben der Übertragung der Antriebskräfte (beschleunigen) muss der Reifen grundsätzlich Bremskräfte sowie Seitenführungskräfte zuverlässig auf die Fahrbahn übertragen. Aufgrund dieser Überlegungen ergibt sich offensichtlich ein ausgewogenes Verhältnis der Vorder- zur Hinterachse, da alle diese Gründe sowohl für die Vorder- als auch für die Hinterachse sprechen. Zumindest könnten Sie, bezogen auf Ihre persönlichen Einsatzbedingungen und das Antriebskonzept ihres Fahrzeugs, folgende Entscheidung treffen: Bei Frontantrieb auf die Vorderachse, bei Heckantrieb auf die Hinterachse und bei Allradantrieb wiederum auf die Vorderachse, da dort das Gewicht des Motors am besten für Vortrieb sorgt!

Hierdurch ist schon einmal festzustellen, dass die weit verbreitete Empfehlung "die besseren Reifen nach vorne", die sich auch in vielen Bedienungsanleitungen findet, so nicht richtig sein kann!

Aber unter den Sicherheitsgesichtspunkt ergibt sich eine ganz andere Lösung: Da die sogenannte „Führungsachse" immer die Hinterachse ist, blockiert die Hinterachse aus Sicherheitsgründen bei einer Vollbremsung sehr spät, denn blockierte Räder übertragen weder Lenk- noch Führungskräfte! Sollte es Ihnen passieren, dass bei einer hohen Geschwindigkeit ein Reifen an der Vorderachse platzt, können Sie durch vorsichtiges Bremsen und Gegenlenken Ihr Fahrzeug meistens wieder abfangen. Sollte dieses aber an der Hinterachse passieren, ist ein Gegenlenken nicht möglich, aufgrund der fehlenden Seitenführungskräfte der Hinterachse bricht das Heck aus und Ihr Fahrzeug kommt unweigerlich ins Schleudern! Hierbei ist es unerheblich, ob ihr Fahrzeug Front-, Heck- oder Allradantrieb besitzt.

TIPP: Die besten Reifen gehören demnach immer auf die Hinterachse, unabhängig vom Antriebssystem! Die Hinterachse ist immer die wichtigste Achse, da es die Führungsachse eines jeden Fahrzeugs ist.

9)   Technische Begriffe und Abkürzungen

Es gibt mittlerweile ein Sammelsurium an Begriffen im 4x4 Bereich. Einen kleinen Teil möchte ich hier einmal erklären.

Die folgenden Systeme können von Hersteller zu Hersteller in der Begrifflichkeit variieren, die Technik ist aber meistens identisch.

➔ **Verteilergetriebe :**
   Das Verteilergetrieb ist das zweite Getriebe des Geländewagens (siehe Kapitel A, Titel 12e), es wird über einen zweiten Schalthebel oder elektropneumatisch zugeschaltet. Es verteilt die Antriebskraft an die Hinter- und Vorderachse, in der Untersetzung (Geländereduktion) wird die Antriebskraft je nach Geländewagen um den Faktor 2,50 bis zu 2,75 erhöht.

Mit Einlegen der Untersetzung reduziert sich auch die Höchstgeschwindigkeit. Die Höchstgeschwindigkeit in der Untersetzung, wird mit folgender Formel berechnet:

$$max.\ Geschw.\ Unters. = \frac{1}{Faktor\ Untersetzung\ *\ max.\ Geschw.\ Straße}$$

z.B. JEEP Wrangler 2.8 CRD Rubicon, Höchstgeschwindigkeit: 172 km/h, Untersetzungsfaktor 1:4,0

Rechnung: $\frac{1}{4.0*172}$ = 43 km/h in der Untersetzung!

Je höher die Geländereduktion (Untersetzung), desto geringer die Höchstgeschwindigkeit aber desto größer die Kraft.

➔ **Starrer Durchtrieb :**
Entsteht beim Zuschalten des Mitteldifferenzials und erfolgt automatisch mit dem Einlegen der 4x4 Geländeuntersetzung bei Fahrzeugen ohne permanenten Allradantrieb. Mit gesperrtem Mitteldifferenzial sollte nur auf unbefestigtem Untergrund oder Glätte gefahren werden.

➔ **Freilaufnabe :**
Besitzt kaum noch ein aktueller Geländewagen mit Ausnahme des „Nissan Patrol GR" und dem „Iveco Massiv". Freilaufnaben müssen vor der Einfahrt ins Gelände an der Radnabe der Vorderachse verriegelt werden. Freilaufnaben sollen den Verbrauch auf der Straße senken, indem der komplette Antriebsstrang in den Radnaben der Vorderachse vom Antrieb abgekoppelt wird.

TIPP: Wer noch Freilaufnaben an seinem Fahrzeug hat, kann diese auch dauerhaft auf der Stellung „Lock" (also verriegelt) eingerastet lassen. Der Verbrauch erhöht sich dann nur um ca. 0,2 bis 0,3 Liter/100km. Der Vorteil ist aber die sofortige Verfügbarkeit des Allradantriebes. Ein zusätzlicher Verschleiß kann dadurch nicht entstehen!

➔ **Wechsel zwischen Straßen- und Geländeuntersetzung :**
Dieses erfolgt am besten im Stand, laut Handbuch.

Aber: Meistens besser und einfacher bei 2 – 3 km/h im Leerlauf

(Getriebeschalthebel mit getretenem Kupplungspedal auf Leerlauf oder bei Automatikgetriebe auf „N" gestellt).

Es gibt aber auch Geländewagen, bei denen ist das Einlegen der Untersetzung noch bis 60Km/h auf gerader Strecke möglich. Beim Einlegen der Untersetzung während der Fahrt ist darauf zu achten, dass im Vergleich zum Straßengang ein höherer Gang gewählt wird. Auch innerhalb einer Marke ist das Einlegen der Untersetzung nicht immer einheitlich!

Aber auch hier Vorsicht, z. B. bei der Marke JEEP ist das Einlegen der Geländeuntersetzung immer nur im Stand möglich. Also gerade hier das Handbuch lesen und eventuell andere JEEP Fahrer befragen.

➔ **Berganfahrassistent (Hill Hold Control)**

Das Anfahren an Steigungen ist nicht für jeden Fahrer eines Schaltgetriebe-Geländewagens einfach, besonders wenn das Fahrzeug schwer beladen ist oder einen Anhänger im Schlepp hat. Der Fahrer muss schnell mit Bremse, Gas und Kupplung agieren, um ein unkontrolliertes Zurückrollen zu verhindern. Das „Hill Hold Control" erleichtert das Anfahren in dieser Situation, indem die Bremsen noch etwa zwei Sekunden nach dem Lösen des Bremspedals selbstständig festhalten. Dadurch hat der Fahrer genug Zeit, entspannt und ohne Einsatz der Handbremse vom Brems- auf das Gaspedal zu wechseln. Das Fahrzeug fährt ohne ungewolltes Zurückrollen an.

➔ **HDC**

(Hill-Descent-Control) : Bergabfahrkontrolle, sorgt für sicheres und gleichmäßiges Bergabfahren an steilen oder rutschigen Abhängen. Der Geländewagen wird mit Hilfe des ABS Systems, also Bremseneingriff, im Bereich zwischen 5 km/h bis 10 km/h gehalten.

➔ **ETC** oder auch ASR

(Electronic-Traction-Control): Elektronische Traktionskontrolle, für Allradantrieb, verteilt die Traktion gleichmäßig auf alle vier Räder und regelt die Umdrehungsgeschwindigkeit des einzelnen Rades über das ABS - System. Auch hier über Bremseneingriff.

➔ **ESP** oder auch DSC:

Das Elekronische Spabilitätsprogramm („Anti Schleuder Programm") kontrolliert das Fahrverhalten anhand von programmierten Sollwerten im Bordcomputer. Weicht das Fahrzeug von diesen Sollwerten ab (z.B. beim Schleudern), greift das System durch gezielten Bremseneingriff an eine oder mehreren Rädern oder/und durch Reduzierung der Motorleistung ein und bringt den Geländewagen wieder auf Kurs.

➔ EAS

Das selbstregulierende elektronische Luftfederungssystem besitzt ein zusätzliches Ventilsytem, das bei Straßenfahrten eine straffere Federung einstellt und während Geländefahrten eine weichere Federung wählt. Dieses System ist bislang nur den Geländewagen im oberen Preissegment vorbehalten.

➔ EBD

(Electronic-Brake-Force-Distribution): Elektronische Bremskraftverteilung, überwacht die Belastung von Vorder- und Hinterachse und das Verhältnis der Geschwindigkeit zwischen Vorder- und Hinterrädern; erkennt das System, z. B., dass sich ein Rad zu langsam dreht, wird die darauf wirksame Bremskraft reduziert. Wer die Vollbremsung beherrscht, verkürzt mit diesem System den Bremsweg deutlich.

➔ ABS:

Antiblockierbremssystem; verhindert das Blockieren einzelner Räder bei starkem Bremsen und ermöglicht eingeschränkt das Lenken des Fahrzeugs in Kurven.

10)   Technische Off-Road Daten

Böschungswinkel

Die Böschungswinkel sind die Überhänge des Fahrzeugs vorn und hinten. Der Böschungswinkel ist der Winkel der gedachten Verbindung von der Radmitte zur

Unterkante der Stoßstange am vorderen und hinteren Ende des Geländewagens. Diese Werte werden auch in den Fahrzeugprospekten so angegeben. Diese Winkel werden durch entsprechende Anbauten (z. B. Anhängerkupplung, Seilwindenstoßstange, usw.) natürlich teilweise gravierend verschlechtert. Wer sich einmal bei dem JEEP Wrangler die Position des Tanks ansieht, wird feststellen, dieser ist so tief angebracht, dass er den hinteren Böschungswinkel stark einschränkt. Dennoch wird in den Handbüchern darauf nicht hingewiesen. Selbst bei den Herstellerangaben kann man sich nicht immer auf deren Exaktheit verlassen.

Rampenwinkel

Wenn beim Überfahren eines Hügels der Geländewagen in der Mitte aufsetzt und alle Räder in der Luft hängen bzw. durchdrehen, dann war der Rampenwinkel zu groß! Der Rampenwinkel ist der Winkel von der Mitte der vorderen und hinteren Räder zur Mitte des Fahrzeugs. Je grösser der Winkel, desto länger der Radstand. Auch hier muss wieder unterschieden werden, zwischen dem im Prospekt angegebenen Winkel und dem „echten" Winkel. Der echte Winkel ist der Winkel, der zum tiefsten Punkt am Fahrzeug gemessen wird. Beim Toyota HZJ und den entsprechenden Pick-up Modellen ragt zum Beispiel das Verteilergetriebe deutlich unter dem Fahrzeug hervor und ist deshalb durch eine Metallplatte geschützt. Dieses schränkt die Bauchfreiheit und damit auch den Rampenwinkel deutlich ein. Dennoch wird im Prospekt darauf nicht hingewiesen.

Wattiefe

Die in den Fahrzeugunterlagen angegebene Wattiefe ist die Wassertiefe, die ein Geländewagen noch durchfahren kann, ohne dass wasserempfindliche Bauteile einen Schaden nehmen können. Die Wattiefe wird somit durch die feuchtigkeitsempfindlichen Bauteile des Fahrzeugs begrenzt. Diese Begrenzung hängt meistens nicht mit dem Ansaugtrakt des Motors zusammen, sondern eher mit der Be- und Entlüftung von Achsen und Getrieben. Beim Wert der Wattiefe sind zusätzlich noch einige Zentimeter für den „Wellenschlag" abgezogen, so ergeben sich teilweise recht geringe Wattiefen für Geländewagen.

TIPP: Die Wattiefe bei Geländewagen kann man durch den Anbau von Schnorchel und das Höherlegen der Achs-, Getriebe-, Be- und Entlüftung und Abdichten der Elektrik des Fahrzeugs beträchtlich steigern. Bei der bekannten Camel-Trophy wurde auf diese Weise die Tauchtiefe der Fahrzeuge auf 2,20 Meter gesteigert. Ein Problem konnte dabei jedoch nicht gelöst werden: Die Tauchtiefe des Fahrers verblieb bei lediglich ca. 1,80m!

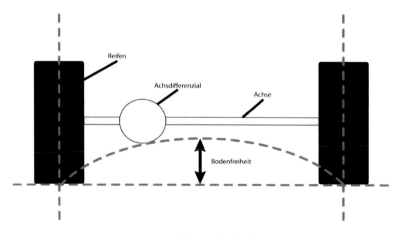

Labels in figure: Reifen, Achsdifferenzial, Achse, Bodenfreiheit

Bodenfreiheit

Die Bodenfreiheit bezeichnet bei Geländewagen den Abstand zwischen dem tiefsten Punkt der Karosserie oder Fahrwerk (z.b. Achsdifferenzial) und dem Boden. Die Bodenfreiheit ist bei tiefen Spurrinnen oder überfahren von Gegenständen von Interesse. Die Bodenfreiheit kann durch Beladung (bei Einzelradaufhängung) verschlechtert werden.

Es gilt folgende Definition: „Die Bodenfreiheit unter einer Achse ist durch die Scheitelhöhe eines Kreisbogens bestimmt, der durch die Mitte der Aufstandsfläche der Reifen einer Achse geht und den niedrigsten Festpunkt des Fahrzeugs zwischen den Rädern berührt."

Steigfähigkeit:

Für die Steigfähigkeit eines Geländewagens sind folgende Faktoren entscheidend:

- Achslastverteilung und die Drehmomentverteilung am Berg

- Wie griffig ist der Untergrund ?

- Welche Reifen sind aufgezogen (Straßen-, MT- oder AT Reifen)?

- Wie stark und wie ist der Geländewagen beladen?

- Wie ist die „Spreizung" (Abstufung) des Getreibes?

- Das Drehmoment des Motors und bei welcher Drehzahl …

Kippwinkel

Damit wird die Fähigkeit eines Geländewagens bezeichnet, in einer Schrägen noch fahren zu können. Die in den Prospekten angegebenen Kippwinkel sind statisch gemessene Winkel. Diese Prospektwerte sind somit in der Praxis nicht brauchbar (siehe auch Kapitel C, Titel 18).

11) Was jeder von seinem Geländewagen wissen sollte

Bevor Sie mit Ihrem Geländewagen ins Gelände fahren, sollten Sie über zwei entscheidende Fahrzeugdaten unbedingt Bescheid wissen:

1) Woher zieht der Motor seine Ansaugluft ? Liegt diese Ansaugöffnung im Bereich des Kühlers, so ist die Gefahr groß, dass bereits bei einer kleineren Wasserdurchfahrt hier Wasser vom Motor angesaugt werden kann. Liegt der Ansaugpunkt im Kotflügel ist die Ansaugöffnung vor Schwallwasser geschützter,

das Ansaugen von Staub durch die Aufwirbelung der Reifen ist hier dann eher das Problem.

2) Genauso wichtig ist es, das Drehmoment (die Kraft) des Motors zu kennen und bei welcher Drehzahl diese zur Verfügung steht. Wenn Sie durch tiefen Sand oder Schlamm fahren oder wenn ein schwerer Anhänger gezogen werden soll, müssen Sie immer etwas oberhalb des maximalen Drehmoments bleiben, um das Abwürgen des Motors zu vermeiden. Beim Schalten muss man die Drehzahl in der Art erhöhen, dass nach dem Hochschalten immer noch im Bereich des maximalen Drehmomentes gefahren wird.

3) Muß ein Geländewagen aus einem Wasser- oder Schlammloch geborgen werden, so ist es wichtig vorher zu wissen, wo sich die Bergeösen am Fahrzeug befinden. Muss das Bergen von Aussenstehenden übernommen werden, hat es sich in Off-Road Wettbewerben als vorteilhaft erwiesen, mit aufgeklebten Pfeilen auf der Stoßstange oder Karosserie auf die Bergeösen hinzuweisen.

TIPP: Überlegen Sie sich eine Möglichkeit, die Luftansaugung für z.B. Wasserdurchfahrten ohne viel Aufwand höher zu legen. So sind Sie im Fall der Fälle vorbereitet. Testen Sie das Drehzahlband ihres Motors, um nach dem Hochschalten zu wissen, wie weit die Drehzahl Ihres Geländewagens dadurch gesenkt wird.

C) Fahren On-Road

Was jeder können sollte, Teil 1 Grundlagen

1) Richtig Sitzen Off-Road

Eine Wiederholung aus dem ersten Kapitel? –Nein!

Es soll hier nur darauf verwiesen werden, dass die Übersichtlichkeit im Gelände verbessert wird, wenn der Sitz nochmal um ein bis zwei Rasten nach vorn geschoben wird. Die Rückenlehne sollte nach Möglichkeit ebenfalls noch ein Stück steiler gestellt werden. Durch diese „steilere" Sitzposition ist die Wirbelsäule bei harten Stößen im Gelände nicht so gefährdet.

2) Wer rast, verliert (die Kontrolle im Gelände)

Wir fahren im Gelände!

Nicht die Rallye Dakar!

Wer im Gelände langsam fährt, kommt deutlich weiter.

Langsames Fahren in schwierigen Situationen bringt Ihnen Zeit zum Auswählen der passenden Fahrspur oder zum Reagieren bei unerwartet auftretenden Schwierigkeiten. Langsames Fahren bedeutet auch, gefühlvoller Umgang mit Gas-, Bremspedal und Lenkung, ebenso erfordert es die passende Drehzahl zum eingelegten Gang, somit ist es möglich den Motor als Bremse zu benutzen.

Nicht angepasste Geschwindigkeit, bedeutet unkalkulierbares Risiko!

Schnelles Fahren ist „On Road" üblich aber „Off Road" die Ausnahme (z.B. Off-Road Rennen) und wird nur dort eingesetzt, wo Schwung das einzige Mittel ist, ein Hindernis zu überwinden. In der Praxis wird man diese Technik am besten immer nur als letzte verbleibende Möglichkeit nutzen, auch zur Schonung von Fahrzeugtechnik, Fahrwerk und Antrieb.

Das Wichtigste im Gelände ist und bleibt das Auge des Fahrers. Im Gelände heißt es immer, vorausschauend zu fahren, also das Gelände immer im Auge zu behalten, um Gefahren frühzeitig zu erkennen und diese notfalls noch umfahren zu können oder anzuhalten.

3)   Daumen in Gefahr

Halten Sie Ihre Daumen aus dem Lenkradkranz heraus!

Falsch ! **Daumen im Lenkrad**   **Richtig**! **Daumen auf dem Lenkrad**

Wichtig bei Off-Road-Fahrten ist es, den Daumen nicht in den Lenkradkranz hinein zu legen: Halten Sie das Lenkrad fest, indem Sie den Daumen zu den übrigen Fingern auf das Lenkrad legen, jedoch niemals unter den Lenkradkranz. Halten Sie das Lenkrad „Off-Road" auch niemals an den Lenkspeichen fest.

Sollte ein Schlag Ihnen das Lenkrad aus den Händen reißen, so ist eine Verletzung oder sogar der Bruch Ihres Daumens durch den mitdrehenden Lenkradkranz vorprogrammiert!

TIPP: Gleiches gilt auch für Fahrzeuge mit Servolenkung und Lenkungsdämpfer!

4)   Vor der Einfahrt ins Gelände

Was muss vor der Einfahrt ins Gelände kontrolliert werden?

Jede Off-Road Veranstaltung, stellt immer eine hohe Anforderung an die Funktionsfähigkeit der Technik und deren Haltbarkeit! Deshalb sollte vor jeder Einfahrt ins Gelände mindestens folgender kurze Check stehen:

→ Bremsflüssigkeit bis Maximum auffüllen

→ Kühlwasser

→ Hydraulik öl der Servolenkung und der Kupplung

→ Motoröl bis Maximum auffüllen

→ Zustand und Spannung des Keilriemens

→ Treibstofftank mindestens halb voll!

→ Alle Ventilkappen auf den Reifen?

→ Hat das Fahrzeug Ölverlust am Motor, Getriebe oder Achsen?

→ Sind die Befestigungspunkte zur Fahrzeugbergung zugänglich oder müssen noch Schäkel eingehängt werden?

6)   Gut zu Fuß oder das unbekannte Gelände

Es ist leichter, eine nasse Hose zu trocknen, als einen versunkenen Geländewagen zu bergen!

Hinter jeder Kurve, Kuppe oder Geländekante können Gefahren versteckt sein. Unter Schnee, hohem Gras oder dichtem Unterholz können, für Sie unsichtbar, Löcher oder Gräben nur darauf warten, dass Sie mit Ihrem Geländewagen darin steckenbleiben. Scheinbar harmlose Wasserlachen können metertief sein. Scheinbar feste Wegstrecken können plötzlich morastig und tief werden.

In unübersichtlichen Geländeabschnitten ist daher vorab die Fahrspur zu Fuß zu erkunden. Hierbei kann es auch erforderlich sein, dass der Beifahrer einige 100 Meter vorrauslaufen muß.

Ein unbekanntes Gelände, birgt große Gefahren!

➜ Bedenken Sie bei der Begehung aber, dass Ihr Geländewagen zwei Fahrspuren und eine breite von ca. 2,00m hat!

7)   Ins Gelände allein, das lass sein!

Beherzigen Sie diesen Grundsatz!

Wann wird hier wieder jemand zum Bergen vorbei kommen!?

Wenn Sie sich – etwa im Urlaub in Marokko, Tunesien oder Libyen – fernab einer menschlichen Ansiedlung - mit Ihrem Geländewagen festfahren, ohne einen zweiten Geländewagen dabei zu haben, ist es zu spät, diesen Grundsatz zu bedenken.

8)   Lang lebe die Kupplung

➔ **Wichtig für Geländewagen mit Schaltgetriebe !**
Ein Tag im Gelände kann auch die stärkste Kupplung ruinieren!

Die Fahrer eines Automatik Geländewagens, können gleich zum nächsten Titel wechseln!

Die Kupplung wird ruiniert, wenn....

- bei extremer Belastung ständig herauf- und herunter geschaltet wird
- die Kupplung schleifengelassen wird, weil der falsche Gang eingelegt wurde
- aus Nachlässigkeit der linke Fuß immer auf dem Kupplungspedal belassen wird
- so langsam gefahren werden muss, dass dieses ohne Schleifenlassen der Kupplung nicht möglich ist.

Wir wollen, dass Ihre Kupplung ein langes Leben hat, deshalb:

Benutzen Sie die Kupplung Ihres Offroaders nur bei stehendem Fahrzeug, nicht während der Fahrt im Gelände – allenfalls in der Ebene.

TIPP: Um unnötiges schalten im Gelände zu vermeiden, nutzen Sie das komplette Drehzahlband ihres Motors um die Geschwindigkeit zu verändern.

9)   Start und Stopp mit dem Zündschlüssel

➔ **Fuß weg vom Kupplungspedal!**

Im extrem schweren Gelände, in dem es nur möglich ist, im ersten Gang der Untersetzung zu fahren, ist diese Übung für die Kupplung überlebenswichtig!

Anfahren (im 1. Gang, Untersetzung ist eingelegt) **:**

Start des Motors mit dem Zündschlüssel

Anhalten:

Stopp des Motors mit dem Zündschlüssel (Ausschalten des Motors),

Beim berühmt-berüchtigten Rubicon-Trail in den USA werden beim Einstieg in die Strecke der 1. Gang und die Geländeuntersetzung eingelegt.

Anfahren: Durch Starten des Motors mit dem Zündschlüssel.

Anhalten: Durch Ausschalten des Motors mit dem Zündschlüssel.

Das Kupplungspedal wird während des ganzen Tages nicht mehr berührt!

Die radikalste Methode zum Erlernen dieser Fahrtechnik ist:

Vor dem Start einen Holzklotz unter das Kupplungspedal legen (Der Holzklotz ist nach der Start und Stopp Übung sofort wieder zu entfernen!). Wenn an einer kritischen Stelle der Motor stehenbleibt, genügt meist ein Neustart des Motors mit dem Zündschlüssel. Das funktioniert selbst dann, wenn Sie mit Ihrem Geländewagen vor einer 30 Zentimeter hohen Stufe stehengeblieben sind. Ein normaler Anlasser hat eine Leistung zwischen 0,6 bis 2,5 KW. Diese Leistung reicht aus, um mit einem Geländewagen in der Untersetzung aus dem Stand einen Hang oder eine Stufe hochzufahren!

Dieses kann ein Fahrer eines Geländewagens mit Automatikgetriebe im 1. Gang genauso praktizieren!

Allerdings geht eine Kupplung die nicht existiert (Automatik) auch nie kaputt!

Für Fahrer eines SUV gilt dieses nicht, da ein SUV meist kein Untersetzungsgetriebe besitzt.

Das Anfahren und Anhalten mit dem Zündschlüssel ohne Kupplung ist jahrzehntelange Praxis der Experten und wird vom Hersteller als verlässliche Fahrtechnik im schweren Gelände empfohlen. Diese Methode sollte immer im schweren Gelände angewendet werden!

Bei dieser Fahrtechnik gibt es nur eine Ausnahme:

Wenn sich Ihr Geländewagen festgefahren hat und Sie nicht mehr allein mit dem Anlasser vorwärts fahren können. Dann treten Sie, bei ausgeschaltetem Motor, das Kupplungspedal, legen den Rückwärtsgang ein und lassen die Kupplung wieder los! Starten Sie jetzt den Motor und fahren rückwärts bis Sie wieder frei sind.

TIPP: Üben Sie diese Fahrtechnik einige Male. Start und Stopp mit dem Zündschlüssel hat auch bei anderen Übungen (z. B. Kapitel:D, Titel:3) eine elementare Bedeutung.

10) Den Berg oder die Böschung rauf „Steigen"

Was bedeuteten die Zahlen im Prospekt bezüglich der Steigfähigkeit unseres Geländewagens? Die Steigfähigkeit wird eigentlich immer in Prozent ausgedrückt. Vielen ist aber nicht klar, auf welchen Steigungswinkel sich die Prozentangaben beziehen. Nach weit verbreiteter Meinung entspricht eine Steigung von 100 Prozent einer senkrechten Wand, also einem Winkel von 90 Grad! Diese Vorstellung ist natürlich nicht richtig oder kann Ihr Geländewagen mit einer Steigfähigkeit von 100% wirklich senkrecht Ihre Hauswand hochfahren?

Die Prozentangabe bezieht sich auf ein Verhältnis von Grundfläche zu Höhe, also 1:1 oder besser 100m Länge zu 100m Steigung, was somit einem Steigungswinkel von 45 Grad entspricht. Diese 45 Grad werden als 100 Prozent angesetzt. Eine Steigfähigkeit von 80 Prozent entspricht somit nur einem Winkel von 36 Grad!

Die größte Steigung von Gebirgspässen liegt bei max. 28%, das entspricht in etwa 15°!

<u>Zum Vergleich:</u> St. Gotthard 6° = 10%, Achenpaß 11° = 20%

Soviel zur Theorie, kommen wir zur Praxis:

Steigungen werden grundsätzlich immer in der Falllinie befahren, sollten wir von der Falllinie einmal abweichen müssen, besteht die Gefahr, dass der schwere Geländewagen seitlich abrutscht und wir die Kontrolle über die ca. 2,5 Tonnen verlieren. Bevor wir in die Steigung einfahren, müssen wir den günstigsten Weg bergauf suchen. Die Böschung sollte zügig und gleichmäßig befahrbar sein und keinen „Überhang" besitzen, der die Steigung noch steiler werden lässt. Die Untersetzung ist bei Steigungen immer ein Muss, da sonst nicht mit gleichmäßiger Geschwindigkeit gefahren werden kann und der Motor an Kraftlosigkeit absterben könnte. Je nach Untergrund, ob griffig oder weich, muss der richtige Gang der Untersetzung gewählt werden. Meistens wird es der 1. Gang sein, bei festeren Untergründen, bzw. bei einem Automatik-Fahrzeug die 1. Fahrstufe. Ist der Untergrund eher weich oder mit Gras bewachsen, ist die Auffahrt mit etwas Schwung im 2. oder sogar 3. Gang meist einfacher. Wird die Steigung aber mit einer zu hohen Geschwindigkeit befahren, ist die Gefahr umso größer, dass der Geländewagen anfängt zu springen, damit außer Kontrolle gerät und nicht mehr lenkbar ist. Ebenso sind durchdrehende Räder beim Bergauffahren zu vermeiden. Durchdrehende Räder übertragen keine Lenk- und Antriebskräfte, der Geländewagen gerät so außer Kontrolle.

Sollte man zum Befahren des Steilhanges den falschen Gang gewählt haben, darf auf keinen Fall am Hang geschaltet werden, jedes Betätigen der Kupplung hat eine sofortige Zugkraftunterbrechung zu Folge. Eine Ausnahme ist das Automatikgetriebe, hier wird der Kraftfluss beim Schalten des Automaten nicht unterbrochen! Beim Schaltgetriebe bleibt das Fahrzeug jedoch am Hang stehen, sobald die Kupplung getreten wird. Wenn es einmal Probleme bei der Bergauffahrt gibt, sollte man auf gar keinen Fall die Kupplung schleifen lassen! Besser den Motor abwürgen! Ebenfals bei Angst oder Panik die Bremse treten und den Motor abwürgen und nach dem Titel Nr. 12 verfahren. Sehr hilfreich ist es, neben der Mitteldifferenzialsperre auch die Hinterachssperre zuzuschalten. Bevor es nach dem Überwinden des Dünenscheitels aber wieder bergab geht, sollte die Hinterachssperre wieder ausgeschaltet werden.

Bergauf im weichen Sand

TIPP: Sollte Ihnen bei einer Bergauf Passage die Motorhaube die Sicht nehmen, so drehen Sie das Seitenfenster herunter und durch das geöffnete Fenster seitlich am Fahrzeug vorbei nach vorne. Nur so ist es Ihnen möglich, entgegenkommende Fahrzeuge und das Ende der Steigung zu erkennen.

Der Motor Ihres Geländewagens ist die perfekte Bremse im Berg oder am Steilhang!

1. Gang in der Untersetzung

Grundsätzlich werden Steilhänge immer in der Falllinie und mit eingelegtem Mitteldifferenzial befahren, da so durch die gleichmäßige Gewichtsverteilung des Wagens die Traktion verbessert wird. Achssperren sind nach Möglichkeit auszuschalten!

Gefällestrecken werden im 1. Gang mit Geländereduktion gefahren. Bei längeren Abfahrten auch maximal im 2. Gang der Untersetzung, identisch mit Automatikgetriebe. Die Motorkompression bremst den Geländewagen zuverlässig über alle vier Räder. Deshalb bergab niemals schalten, die Kupplung treten oder bremsen!

Wer im steilen Gefälle zu fest das Bremspedal tritt, überbremst die Vorderachse, wo sich sofort ein Bremskeil aus dem anstehenden Boden bildet, dieser Bremskeil bremst den schweren Geländewagen abrupt ab. Durch die Eigendynamik des Geländewagens, beim scharfen Bremsen bergab, kann sich im ungünstigsten Fall dieser nach vorn in Längsrichtung überschlagen! Also Vorsicht beim Bremsen bergab, gerade bei einem weichen Untergrund!

Eine weitere Gefahr ist, dass bei blockierten Vorderrädern die Kontrolle über das Fahrzeug verloren geht. Blockierte Räder übertragen keine Lenkkorrekturen! Mit blockierten Rädern fahren Sie einen nicht lenkbaren Schlitten.

Bei größeren Höhenunterschieden und damit längeren Gefällestrecken, sollte auf jeden Fall die Hinterachssperre (wenn möglich) ausgeschaltet werden. Wer eine Bergabfahrhilfe besitzt und eine weiche Gefällestrecke (z.b. Sand) befährt, muss die Bergabfahrhilfe jetzt auch ausschalten!

Das ständige Eingreifen der Bergabfahrkontrolle über die Bremsen kann an der Vorderachse zum kurzfristigen Blockieren der Vorderräder führen, was das sofortige Einsanden der Vorderachse zur Folge hat!

TIPP: Sollte bei einer Bergabfahrt das Heck Ihres Geländewagens instabil werden oder sogar ausbrechen, so muss sofort dosiert Gas gegeben werden. Der Geländewagen wird sofort wieder richtungsstabil und beherrschbar.

12)   Das Schlüsselspiel Teil I, der kontrollierte Rückzug aus dem Steilhang

Bei dem Versuch, einen Steilhang oder Berg zu befahren, kann es immer wieder vorkommen, dass der Schwung oder die Motorleistung nicht ausreichen. Jetzt kommt die gefährliche Aktion, rückwärts aus dem Steilhang wieder sicher zum Fuß des Hanges zu gelangen. Das sogenannte Schlüsselspiel!

mit Schaltgetriebe !

Es hat über die Kuppe nicht gereicht!

Sie sind an einer Steilstrecke hängengeblieben. Der Motor ist abgewürgt!

Wie kommen Sie heil wieder zurück?

1) Sofort die Fußbremse treten, bedenken Sie die fehlende Servounterstützung!

2)   Kupplungspedal treten

3) Rückwärtsgang einlegen

4) Kupplungspedal loslassen

5) Zündung auf „ein" belassen, nicht starten!

6) Fußbremse langsam lösen, den Motor starten und langsam in der Falllinie zurückfahren, keine wilden Lenkbewegungen vollführen, damit der Geländewagen sich nicht quer zum Hang stellt. Kein Gas geben, nicht die Kupplung treten, die Fußbremse möglichst nicht benutzen und wenn, dann nur ganz, ganz sanft mit viel Gefühl!

7) Wenn Ihr Geländewagen eine Bergabfahrhilfe besitzt, so wirkt diese auch im Rückwärtsgang! Verlassen Sie sich drauf! Auch hier nicht bremsen, nicht kuppeln, auch kein Gas geben, die Bergabfahrhilfe ist sonst sofort außer Betrieb gesetzt!

Achtung: Ein Problem, das moderne Geländewagen mit Schaltgetriebe immer öfter haben ist, dass aufgrund von Sicherheitsvorschriften der Motor nur gestartet werden kann, wenn die Fußbremse durchgetreten wird. Damit soll das unbeabsichtigte Losfahren des Fahrzeugs bei einer Fehlbedienung verhindert werden. Damit tritt beim „Schlüsselspiel" das Problem auf, dass Sie ohne die Bremse zu treten nicht rückwärts den Hang herunter fahren können. Hier hilft nur ein kleiner Trick, um das System zu überlisten.

TIPP: Wenn Ihr Geländewagen nur zu starten ist, wenn Sie die Fußbremse treten, versuchen Sie herauszufinden, wie weit sie die Bremse treten müssen, damit der Motor gestartet werden kann. In den meisten Fällen ist das Sicherheitssystem mit dem Bremslichtschalter verbunden und sobald die Bremsleuchten brennen, gibt das System das Starten des Motors frei! In diesem Fall brauchen Sie die Fußbremse nur zu berühren und können das Schlüsselspiel genauso wie beschrieben ausführen, in dem Sie nur sehr leicht während des Startens des Motors auf die Fußbremse treten. Dieses Sicherheitssystem lässt sich aber bei den meisten Geländewagen in der Fachwerkstatt deaktivieren, was im Gelände von entscheidendem Vorteil ist.

Es hat wieder nicht gereicht, dieses mal <u>mit Automatikgetriebe.</u>

Sie sind an einer Steilstrecke beim Bergauffahren hängengeblieben, diesmal in einem Geländewagen mit Automatikgetriebe.

Die Räder haben keine Traktion mehr, obwohl der Motor läuft.

Wie kommen Sie heil wieder zurück?

1)   Sofort auf die Fußbremse treten, Sie haben jetzt Servo-Unterstützung!

2)   Rückwärtsgang „R" einlegen, Bremse weiterhin treten!

3)   Bei Lösen der Bremse in der Falllinie zurückfahren

4)   Wenn Ihr Geländewagen eine Bergabfahrhilfe besitzt, so wirkt diese auch im Rückwärtsgang.

5)   Keine wilden Lenkbewegungen vollführen, damit der Geländewagen sich nicht quer zum Hang stellen kann

6)   Die Fußbremse möglichst nicht benutzen und wenn, dann nur ganz, ganz sanft mit viel Gefühl!

13)   Tiefe Spurrinnen

Wenn z. B. am Waldrand eine Fahrspur sehr flach beginnt fahren Sie dennoch **nicht** mit den Rädern Ihres Geländewagens hinein!

Die Fahrspur kann später tiefer werden, so dass das Achsdifferential-Gehäuse aufsitzt. Wenn dieses passiert, kommen Sie auch nicht mehr seitlich heraus sondern sitzen fest!

Deshalb gleich von Anfang an eine der Radspuren zwischen die Räder nehmen!

Nicht in die Radspuren hineinfahren!

Oberhalb der Radspur bleiben

TIPP: Wenn Sie in eine Fahrspur fahren müssen oder hineingerutscht sind, gibt es nur eine Möglichkeit dort wieder heraus zu kommen: Das „Impulslenken"! Während der Fahrt halten Sie das Lenkrad in der „6.00 Uhr- Stellung" (eine Hand oben und eine Hand unten) und bewegen das Lenkrad anschließend schnell zu der Seite auf der Sie die Fahrspur verlassen wollen. Dabei gehen Sie kurz vom Gas runter und lenken dann sofort wieder gerade.

14) Vorsicht Graben

➔ Gräben und Spurrinnen immer im schrägen Winkel überfahren

So nicht ! (nahezu rechtwinklig)

Richtig ! (diagonal)

Der Winkel, in dem Gräben überfahren werden, richtet sich nach der Grabenbreite, Radstand und der Spurbreite des Geländewagens. Der Graben ist in einem Winkel zu durchfahren, bei dem immer drei Reifen Bodenkontakt haben. Je nach Breite des Grabens und Achsabstand des Geländewagens ist der Idealwinkel um die 45° zu finden. Bei Geländewagen mit guter Achsverschränkung gelingt diese Übung einfacher, Fahrzeuge mit schlechter Achsverschränkung sollten zumindest eine Traktionskontrolle oder Achssperren besitzen, da die diagonal gegenüberliegenden Räder meistens den Bodenkontakt verlieren. Die Geschwindigkeit sollte in der Untersetzung im 1. Gang um die Leerlaufdrehzahl liegen. Das Mitteldifferenzial ist hierbei immer zu sperren, wenn möglich auch die Hinterachse.

Bei einer steilen Kante oder weit auseinanderliegenden Böschungen kann das Problem auftreten, dass der vordere Böschungswinkel Ihres Geländewagens nicht ausreicht. Dann gibt es nur zwei Alternativen: Die Böschung mit Hilfe einer Schaufel abflachen oder Sie schlagen die Vorderräder gegen die Böschung ein. Jetzt wird vorsichtig gegen die Böschung angefahren. Sobald beide Vorderräder auf der Böschung sind, wird sofort der ideale Winkel wieder eingenommen, was bedeutet, die Lenkung wieder auf „Gerade" zu stellen und den Graben komplett zu durchfahren.

Sollte der Winkel und die Geschwindigkeit nicht stimmen, kann es auch vorkommen, dass das Fahrzeug seitlich in den Graben rutscht oder sich auf die Seite legt. Diese kann bei einem unüberlegten heranfahren an einen Graben schnell passieren!

Mit dieser Technik können auch tiefere Gräben und Spurrinnen durchfahren werden.

Wenn Sie allerdings rechtwinkelig in den Graben hineinfahren, fallen die Vorderräder hinein und das Fahrzeug hängt sich mit der Stoßstange auf (siehe Bild oben)!

Vorwärts geht es nicht weiter und rückwärts meistens auch nicht mehr.

TIPP: Sollte Ihr Fahrzeug über eine elektronische Einstellung des zu befahrenden Untergrundes verfügen, so ist bei einer Grabendurchquerung immer die Einstellung „Felsenklettern" zu wählen! Bei dieser Einstellung fährt das Fahrzeug auf seine maximale Fahrzeughöhe (bei Luftfederung), das elektronische Gaspedal reagiert wesentlich spontaner und exakter.

15) *Die Gefahren von Abbruchkanten*

Abbruchkanten (Überhang) im Gelände bergen eine teilweise große Gefahr. Im Allgemeinen sind die Überhänge nicht besonders tragfähig und können bei der

Annäherung (auch zu Fuß!) schnell nachgeben. Bei höheren Böschungen ist es dann „the way of no return". Wer den Abhang mit dem Geländewagen unfreiwillig hinunter rutscht, hat aufgrund des teilweise beträchtlichen Überhangs meistens nur eine Chance, während des daraus folgenden „Freifluges" in die Tiefe richtig Gas zu geben, um bei der ersten Bodenberührung mit den Vorderrädern den Geländewagen zu stabilisieren und einen Überschlag zu verhindern. Aber auch mit diesem waghalsigen Manöver wird der Geländewagen unten meistens nicht ohne Schaden ankommen, wohl aber die Insassen (hoffentlich)!

Wenn man solch einen Überhang (Abbruchkante) vor sich hat und diese nicht umfahren kann, muss diese abgetragen werden! Egal ob man sich in der Sahara oder der heimischen Kiesgrube befindet. Alles andere kann je nach Fallhöhe lebensgefährlich sein!

16)   Überfahren von Steinen und Baumstümpfen

Nehmen Sie einen Felsbrocken oder Baumstumpf nicht zwischen die Vorderräder. Ein Geländewagen mit etwa 21 cm Bodenfreiheit, kommt nicht mit dem vorderen Achsdifferenzial über einen 30 cm hohen Stein oder Baumstumpf.

Fahren Sie mit der linken oder rechten Spur auf den Stein und kriechen dann darüber hinweg.

Zum Kriechen über felsige Passagen sind ca. 5 km/h ideal.

17) Das „Rausschaukeln"

Bleibt Ihr Geländewagen im Schlamm, Schnee, Sand oder einfach im tiefen Boden stecken, dann versuchen Sie vorsichtig in der eigenen Spur zurückzufahren.

In der eigenen Spur hat sich der Untergrund verdichtet und so haben Sie hinter Ihrem Geländewagen in der eigenen Spur immer die besseren Bedingungen.

Gelingt es nicht, so bietet sich als Alternative das Herausschaukeln des Geländewagens an. Sie fahren soweit zurück, bis die Räder durchzudrehen beginnen. Anschließend schalten Sie blitzschnell in den 1. Gang und fahren vorwärts bis zum Durchdrehen der Räder. Den Vorgang wiederholen Sie für die andere Fahrtrichtung. Bei einem Automatikfahrzeug wird nicht der 1. Gang der Untersetzung eingelegt, sondern die Fahrstufe D in der Untersetzung! Das Schalten von der Fahrstufe „D" in die Fahrstufe „R" ist der kürzeste Schaltweg, beide liegen meistens nebeneinander.

Ein Problem nicht nur von modernen Automatikgetrieben ist folgendes:

Nur bei Betätigung der Fußbremse lässt sich das Getriebe von der Fahrstellung R (Rear) in die Fahrstellung D (Drive) schalten. In diesem Fall muss das Rausschaukeln unterbrochen werden und in die Fahrstellung D geschaltet werden. Umgekehrt funktioniert das Schalten von Fahrstellung D in Fahrstellung R dagegen meist ohne Betätigung der Fußbremse.

Diese Prozedur wiederholen Sie, bis die Spur immer länger wird und es Ihnen gelingt, nach vorn oder – meist - nach hinten freizukommen.

18)   Die Schrägfahrt

Wie viel Schrägfahrt ist möglich oder besser: Wo liegt der seitliche Kippwinkel meines Geländewagens? Der Blick in das Bordbuch bringt teilweise erstaunliche Kippwinkel an den Tag. Leider sind diese dort angegebenen Kippwinkel nicht brauchbar! Die im Bordbuch oder den Prospekten angegeben Kippwinkel sind statisch ermittelte Werte. Das heißt, an einem stehenden Fahrzeug gemessene Werte. Da wir am Hang fahren aber nicht parken wollen, können wir diesen statischen Kippwinkel gleich wieder vergessen.

Vielmehr entscheidend ist der dynamische Kippwinkel, er verändert sich während der Schrägfahrt ständig. Bodenunebenheiten auf der Hangseite heben beim Überfahren das Fahrzeug zusätzlich an und können dadurch das Umkippen auslösen. Allerdings kann man das Überfahren von Bodenunebenheiten nicht verhindern, es sei denn man greift vorher zur Schaufel und beseitigt diese. Wenn ein Beseitigen oder Umfahren aber nicht möglich ist, bleibt nur das Überfahren. Beim Überfahren spielt die Geschwindigkeit eine große Rolle. Je größer die Geschwindigkeit desto größer ist auch der vertikale Stoß, der auf die Federung und somit auf das Fahrzeug einwirkt. Sollte die Geschwindigkeit zu hoch sein, wird das Fahrzeug stark aus seiner Federung gedrückt und unweigerlich umkippen. Als geflügeltes Wort hat sich hier eingebürgert „Quer zum Hang im 1. Gang" oder anders: „So langsam wie möglich"!

Anfahrt zur einer Schrägfahrt

72

Fahrzeuge mit Luftfederung sollte auf dem untersten Niveau eingestellt sein, sofern das Gelände es zulässt. Dann erreicht der Geländewagen seinen maximalen Kippwinkel.

Auf der Hangseite die Luft aus den Reifen zu lassen gilt allgemein als „der Geheimtipp". Dieses birgt aber zwei Gefahren: Zum einen kann ein Reifen mit einem Luftdruck unter 1,2 bar keine Seitenführung übernehmen und zum anderen kann der Reifen von der Felge gedrückt werden. Deshalb keine Luft aus den Reifen lassen, wenn am Hang gefahren werden soll.

Einen großen Einfluss auf die Schrägfahrt hat natürlich neben der Spurbreite und Höhe des Geländewagens auch der befahrene Untergrund. Rutschige Böden bieten dem Reifen seitlich weniger Halt. So kann es vorkommen, dass das Fahrzeug seitlich in Richtung Tal abrutscht. Sollten jetzt die Reifen an einer Baumwurzel oder Stein plötzlich wieder Seitenführungskräfte aufbauen, kann die dadurch entstehende dynamische Lasteinwirkung das Fahrzeug zum Umkippen bringen. Sollten Sie dieses erkennen, so bleibt Ihnen nichts anderes übrig, als für die am Hang laufenden Räder eine Spur zu schaufeln! Nur mit Hilfe einer solchen Führungsrinne kann das Abrutschen verhindert werden.

Wie sich jeder denken kann, verschlechtert jede Art von Dachlast den Kippwinkel zusätzlich. Deshalb sollten schwere Gegenstände möglichst tief im Fahrzeug gelagert werden. Hierbei darf nicht vergessen werden, die Ladung sicher im Fahrzeug zu verankern. Wenn der Geländewagen am Rande des Kippwinkels Fährt, kann jedes Verrutschen der Ladung sich auf dem Kippwinkel derart einwirken, dass das Fahrzeug umkippen kann.

Droht das Fahrzeug zu kippen (wenn es sich z.B. hangseitig deutlich bemerkbar aus den Federn hebt), muss schnellstmöglich hangabwärts gelenkt und die Geschwindigkeit erhöht werden. Dieses ist dann die einzige Möglichkeit, das Fahrzeug am Umkippen zu hindern. Sollte der Hang allerdings ein Abhang sein, …

Tipp: Wer einen Glücksbinger oder sonstiges Amulett besitzt kann diesen mittig an den Innenspiegel hängen. Sollte der Anhänger während der Schrägfahrt aus dem Fenster zeigen, ist die Kippgrenze erreicht!

19)   Die einfache Wasserdurchfahrt.

Eine Wasserdurchfahrt ist immer eine Herausforderung und ein Highlight beim „Off-Roaden". Wo sind aber die Grenzen z. B. bei der Wassertiefe? Hier erst einmal das Fahrzeughandbuch bemühen, denn bei den meisten Fahrzeugen liegt diese bei rund 40cm. Woher kommt diese Angabe, was beschränkt die Wattiefe eines Geländewagens? Die Wattiefe wird weniger durch Luftansaugung des Motors begrenzt, als vielmehr durch die Position der sogenannten Schnüffelstücke auf den Achsen, Getriebe, Verteilergetriebe bzw. durch die Höhe der eventuell höher gelegten Be- und Entlüftung der Achsen, Getriebe und Verteilergetriebe.

Höher gelegten Be- und Entlüftung: Vorderachsen, Getriebe und Verteilergetriebe

Bevor wir in einen Wasserlauf oder Teich einfahren, müssen wir die Neigung und Beschaffenheit der Ufer einmal genauer ansehen. Ist ein gefahrloses Ein- und Ausfahren möglich? Als nächsten Schritt ermitteln wir die Wassertiefe, am besten mit einem Stock, im Idealfall mit einem Zollstock (Gliedermaßstab). Gleichzeitig sollte die Bodenbeschaffenheit des Wasserlaufes überprüft werden. Ist der Boden fest oder droht das Fahrzeug im weichen Boden noch weiter einzusinken? Eine generelle Gefahr von Unterwasserhindernissen besteht immer in Form von großen Steinen, Ästen, usw., deshalb sollten Sie immer einen möglichst großen Bereich des Wasserverlaufes kontrollieren.

Bevor Sie jetzt ins Wasser fahren, sollte der Reifendruck zur Sicherheit noch gesenkt werden. Den Reifendruck sollten Sie jedoch nicht unter 1,6 bar senken. Die Gefahr, dass ein Stein oder sonstiges Hindernis unter Wasser übersehen wird und der Reifen von der Felge gedrückt wird, wäre zu hoch! Die Reifen können sich dann besser mit dem Untergrund verzahnen. Wenn Sie in den Wasserlauf einfahren, fahren Sie langsam ins Wasser und steigern die Geschwindigkeit im Wasser minimal. Durch die Geschwindigkeitssteigerung erhöhen Sie auch die Drehzahl des Motors, wodurch wiederum der Abgasdruck im Auspuff steigt. Wasser kann jetzt nicht so schnell in dem Auspuff hochsteigen.

Das Wasser bildet bei etwas höherer Geschwindigkeit eine Bugwelle, die sich vom Auto nach vorne ergießt. Wird die „Rumpfgeschwindigkeit" des Geländewagens zu groß, so wendet sich die Bugwelle dem Fahrzeug zu. Jetzt ist die Gefahr groß, dass das Wasser durch den Kühler zum Motor und hier vom

Ventilator erfasst wird. Der Ventilator wird das Wasser in feinen Wassertropfen über den gesamten Motor verteilen. Die Wassertropfen sind so fein, dass diese in jede elektrische Steckerverbindung oder vergleichbares eindringen können.

Auch bei einem Dieselmotor besteht die Gefahr, dass der Motor abstirbt. Das ist dann nicht der gefürchtete Wasserschlag, denn von einem Wasserschlag spricht man nur dann, wenn der Motor über die Luftansaugung Wasser zieht und Wasser somit auf die Kolben kommt.

die richtige „Rumpfgeschwindigkeit"!

TIPP: Es ist unbedingt drauf zu achten, dass nicht mittig durchs Wasser gefahren wird. In der Mitte fahren fast 90% aller Geländewagen-Fahrer, also befinden sich in der Mitte meistens auch die tiefsten Fahrspuren. Wichtig ist es, Spurversetzt zu fahren, also rechts oder links von der Mitte. Aber auch wenn es noch so verlockend ist, niemals mit einer Seite auf der Böschung und mit der anderen Seite durchs Wasser fahren, sonst passiert das, was fast jedes Wochenende in irgendeinem Off-Road Gelände zu sehen ist: Ein Fahrzeug ist im Wasser auf die Seite gefallen. Wer einseitig am Ufer entlangfährt, fährt zwangsweise schon in einer Schrägfahrt. Wenn jetzt noch eine Spurrinne oder eine sonstige Vertiefung im Wasser vorhanden ist, kann das Fahrzeug schon seine Kippgrenze erreicht haben.

Der Boden eines Teiches oder Flusslaufes besteht meisten aus weichem Boden oder Schlamm. Hier ist es besonders wichtig frühzeitig mit energischen und kurzen Lenkradbewegungen zu beginnen. Siehe hierzu Titel 20.

20) Wozu das Lenkrad noch da ist!

Schaut man sich ältere DVDs oder Videos von der Camel-Trophy an, fallen einem die teilweise kurios aussehenden wilden Lenkbewegungen der Fahrer im Sand oder auch im Schlamm auf. Hat das einen Sinn oder ist dieses nur eine Aktion für die Kamera?

Kurz: Es macht Sinn!

Diese kurzen und heftigen Lenkbewegungen verhindern die Bildung größerer Sand- oder Schlammkeile vor den Rädern, die den Wagen abbremsen und die Vorderräder zu einer ständigen „Bergauffahrt" zwingen. Mit diesen kurzen Lenkbewegungen lässt sich Einsanden oder Festfahren vermeiden, indem man um die Sand- und Schlammkeile herumfährt und so durch die Off-Road Etappe kommt oder wenigstens noch einige Meter weiter. Der zusätzliche Vorteil der kurzen Lenkbewegungen ist, dass im Bereich von Spurrinnen die äußeren Profilblöcke des Reifenprofils, ähnlich eines Zahnrades, sich mit dem Spurrinnenrand verzahnen kann und das Fahrzeug so durch das Off-Road Teilstück ziehen.

Diese Technik hat aber auch seine Grenzen, z. B. bei sehr steilen Böschungen. Bei einer sehr steilen Bergauf-Passage kann es passieren, dass durch diese Lenkbewegungen die Vorderräder den Bodenkontakt verlieren und der Vorderwagen seitlich wegrutscht. Das bedeutet: Bei sehr steilen Anstiegen sind die kurzen Lenkbewegungen zu unterlassen!

TIPP: Es ist wieder einmal ein sehr einfacher, aber dafür ein enorm wichtiger Tipp! Profis die diesen Trick beherrschen, kommen meistens weiter oder sogar ohne Probleme durch die Off-Road-Passage. Auch nach einem Steckenbleiben kann dieser Trick helfen, doch noch wieder anfahren zu können.

21) ABS im Gelände sinnvoll ?

Bis ca. 1993 war es erlaubt, das ABS abschaltbar zu machen. Der Fahrer konnte jederzeit selbst entscheiden, ob das ABS aktiv ist oder nicht. Seit 1994 ist es nach der Straßenverkehrsordnung nicht mehr erlaubt das ABS auszuschalten!

Wenn man sich die Funktionsweise des ABS-Systems einmal vor Augen führt, nämlich die Räder wechselweise zum Blockieren zu bringen und wieder zu lösen, so ist es einfacher, sich die Auswirkungen des ABS-Systems an einem Geröllhang abwärtsfahrend vorzustellen. Würden Sie hier eine Vollbremsung machen, könnte das ABS- System das Fahrzeug hier nicht zum stehen bringen. Aufgrund des ständigen Lösens der Bremse kommt das Fahrzeug erst unten auf der Geraden zum endgültigen Stillstand. Ein Selbstversuch an einem Geröllhang sei hier einmal anzuraten. Beim Bremsen ohne ABS bildet sich immer ein Bremskeil aus dem Bodenmaterial vor den Rädern und bremst den Geländewagen zusätzlich. Das Ergebnis ist somit ein enorm kurzer Bremsweg im Gelände.

Aus diesem Grund haben Wettbewerbsfahrer, die sich mit ihren Spezialumbauten nur im Gelände bewegen, das ABS-System schaltbar gemacht. Der entsprechende Schalter ist meist am Armaturenbrett angebracht. Da das ABS-System meistens auch gleichzeitig mit der elektronischen Traktionshilfe gekoppelt ist, werden dadurch beide Systeme gleichzeitig deaktiviert. Ein ständiges Ein- und Ausschalten im Wettbewerb ist somit ständig erforderlich! Hier nocheinmal der Hinweis: Das Manipulieren am ABS-Systems ist im Bereich der StVO nicht erlaubt und führt zum Erlöschen der Betriebserlaubnis und dem Versicherungsschutz des Fahrzeugs!

TIPP: Nutzen Sie Ihren Geländewagen ausschließlich im Wettbewerb und nicht mehr im Bereich der StVO, machen Sie das ABS schaltbar.

22)   Wo die Kraft herkommt ...

➜ **Als Faustformel gilt: Wenn Sie die volle Zugkraft Ihres Geländewagens benötigen, dann bleiben Sie im Bereich des maximalen Drehmomentes (z. B. Anhängerbetrieb).**

Aber wissen Sie bei welcher Drehzahl Ihr Motor sein maximales Drehmoment abgibt?

Bei den Drehmomenten der Motoren gibt es einen Unterschied zwischen Benzin- und Dieselmotoren. Ein Dieselmotor erreicht sein maximales Drehmoment wesentlich früher als ein vergleichbarer Benzinmotor.

Hier eine kleine Auflistung von verschiedenen Geländewagenmodellen:

➜ Land-Rover Defender 2,5 td4 : 122 PS 360 Nm bei 1.850 U/min (Diesel)

➜ Land-Rover Range Rover TDV8: 313 PS 700 Nm bei 1.500 U/min (Diesel)

➜ Audi Q7 4,2 FSI: 350 PS 440 Nm bei 3.500 U/min (Benzin)

➜ Audi Q7 3,0 TDI:	233 PS 500 Nm bei 1.750 U/min (Diesel)
➜ Mercedes G 320 CDI:	224 PS 540 Nm bei 1.600 U/min (Diesel)
➜ Mercedes G 320:	215 PS 300 Nm bei 2.800 U/min (Benzin)
➜ JEEP Wrangler 2.8 CRD :	177 PS 410 Nm bei 2.000 U/min (Diesel)
➜ JEEP Wrangler 3.8 V6:	199 PS 237 Nm bei 4.000 U/min (Benzin)
➜ Toyota LandCruiser HZJ 78:	131 PS 285 Nm bei 2.000 U/min (Diesel)
➜ Iveco Massif:	146 PS 350 Nm bei 1.400 U/min (Diesel)
➜ Suzuki Jimny:	86 PS 110 Nm bei 4.100 U/min (Benzin)
➜ Suzuki Jimny D:	65 PS 160 Nm bei 2.000 U/min (Diesel)

Achtung !

Es gibt einen Unterschied zwischen Motorleistung (kw / PS) und Motorkraft

(Nm = Drehmoment) !

Seine größte Durchzugskraft hat ein Motor bei der Drehzahl seines maximalen Drehmoments. Dieses variiert bei den unterschiedlichen Geländewagen Modellen. Auch die Dieselmotoren erreichen das maximale Drehmoment bei unterschiedlichen Drehzahlen aber immer noch wesentlich früher, als ein entsprechender Benzinmotor.

Wichtig :

Bei allen Motoren wird in der Geländereduktion die Antriebskraft an die Räder nahezu verdreifacht, z. B. beim Defender um den Faktor 2,75 oder JEEP Wangler Rubicon, vervierfachen um den Facktor 4,0.

D)   Fahren Off-Road

Was noch wichtig ist, Teil 2 Aufbaukurs

1)   Gefährliche Weichteile am Geländewagen

Es gibt Bauteile am Unterboden und Fahrwerk eines Geländewagens, die sehr empfindlich auf Bodenberührungen reagieren. Diese Bauteile sind sehr von der Marke und Baureihe des Geländewagens abhängig. Die meisten Geländewagen besitzen serienmäßig keinen Unterfahrschutz oder nur einen aus Hartplastik. Ausnahmen gibt es auch hier, z. B. beim Mercedes G mit einem serienmäßigen Unterfahrschutz aus Metall. Ein Unterfahrschutz in einer stabilen Ausführung sollte immer das erste sein, was nachgerüstet wird. Empfohlen wird ein Unterfahrschutz mit integrierten Bergeösen! Der Unterfahrschutz schützt Lenkhebel, Lenkschubstange sowie Panhardstab vor Beschädigung.

Unterfahrschutz schützt Lenkhebel, Lenkschubstange sowie Panhardstab

Je nach Marke und Modell des Geländewagens ist es sinnvoll, zusätzlich noch die Spurstange des Geländewagens zu schützen. Die Spurstange ist in der Regel hinter der Vorderachse montiert und bildet meist mit dem Differenzial den tiefsten Punkt am Fahrwerk. Dadurch kann es im Gelände zu Berührungen und somit zur Verbiegung kommen. Hiervor kann ein Spurstangenschutz schützen, die Montage ist meistens einfach und kann auch von Laien ausgeführt werden.

Bei den Achsen ist das Differenzial eines der empfindlichsten Bauteile. Ein Achsdifferenzialschutz ist hier sinnvoll, denn dabei handelt es sich um ein extrem stabiles Bauteil. Der Sinn des Schutzes ist es, die Achsdifferenziale vor Anprallschäden zu schützen. Eines der empfindlichsten Bauteile an einem Geländewagen sind die im Achsdifferenzial laufenden Zahnräder. Diese Gussbauteile sind oft sehr schlagempfindlich, der Achsdifferenzialschutz schützt effektiv vor Schlägen z. B. durch Steine oder Baumwurzeln.

Bei vielen Geländewagen lohnt sich das Nachrüsten einer Tankschutzplatte. Zwar besitzen fast alle Geländewagen solch eine Tankschutzplatte, aber meistens sind diese so dünn, dass selbst leichte Bodenberührung diese verformen können, einschließlich des Tanks.

Wichtig: unterhalb der Stoßstange sollten keine empfindlichen Bauteile, wie z.B. Nebelscheinwerfer, montiert werden.

Schmutzfänger hochgebunden!

TIPP: Bei vielen Geländewagen sind die Schmutzfänger teilweise so lang, dass diese beim Rückwärtsfahren vom eigenen Reifen überrollt werden können und abreißen. Deshalb: Sobald es Off-Road geht, die Schmutzfänger, auch die vorderen, hochbinden!

2)   Extrem steile Böschung

Bevor Sie eine extrem steile Böschung erklimmen können, müssen Sie im Vorfeld einige Fragen klären:

Ist die Böschung durchgängig griffig; besteht die Gefahr, auf der Kuppe aufzusetzen? Wie sieht die Rückseite aus, kann man von dort weiterfahren? Erst wenn diese Fragen eindeutig geklärt sind und sich die Befahrung als möglich erweist, können Sie sich an die Böschung herantrauen.

Eine extrem steile Böschung wird immer in der Untersetzung gefahren. Möglichst in einem Gang, der Sie ohne zu schalten in einem Zuge über die Kuppe bringt. Bei extremen Böschungen kann das Problem auftreten, dass der vordere Böschungswinkel Ihres Geländewagens nicht ausreicht. Dann gibt es nur zwei Alternativen:

A)   Die beste und sicherste: Die Böschung mit Hilfe einer Schaufel abflachen

B)   Die Risikoreichere: Sie fahren schräg, im ca. 30° Winkel an die Böschung.

Dabei müssen die Vorderräder zur Böschung eingeschlagen werden.

Jetzt wird vorsichtig gegen die Böschung angefahren. Vorsicht, der Geländewagen beginnt instabil zu werden, sobald ein Vorderrad den Bodenkontakt verliert, dann sofort Gas gegeben, bis beide Vorderräder an der Böschung stehen. Jetzt können Sie die Böschung hinauffahren. Aber Achtung: Der hintere Böschungswinkel ist in fast allen Fällen der schlechtere. Was zur Folge haben kann, dass der Geländewagen mit der hinteren Stoßstange auf dem Boden aufliegt. Dieses gibt unschöne Geräusche, ist aber für die Stabilität des Fahrzeugs ungefährlich.

Sollte die Kuppe schmal sein und ein Aufliegen auf dem Rahmen drohen, so sollten Sie versuchen, die Kuppe leicht schräg anzufahren. Doch nur mit größter Vorsicht, bei einer zu großen Schräglage kann der schwere Geländewagen seitlich Richtung Tal abrutschen. Wenn dieses passieren sollte,sofort in Richtung Tal lenken und richtig Gas geben.

Bei der anschließenden Bergabfahrt ist mit größter Motorbremswirkung zu fahren, also im 1. oder 2. Gang der Untersetzung. Dieses gilt besonders für ein Automatikgetriebe, aufgrund der meist längeren Untersetzung, ist hier immer der 1. Gang zu verwenden. Wer eine Bergabfahrkontrolle besitzt, sollte diese spätestens jetzt zuschalten.

TIPP: Wenn der Übergang zum Boden ebenso steil ist, wie die Anfahrt, so treten Sie, bevor Sie die Gerade oder den Gegenhang erreichen kurz auf die Bremse. Die Vorderräder blockieren auf dem weichen Untergrund und schieben Boden vor sich auf. Es bildet sich eine kleine Rampe, die den Abfahrtswinkel verkleinert.

Bevor Sie mit den Vorderrädern den ebenen Boden erreichen, müssen Sie allerdings die Bremse wieder lösen, damit der Wagen ausrollen kann! Vorsicht die Bergabfahrhilfe ist durchs Bremsen kurzzeitig inaktiv!

3)   Das Schlüsselspiel Teil II, kontrolliert weiter bergauf

Sollte es vorkommen, dass bei der Bergauffahrt ein Hindernis auftaucht und man im Steilhang anhalten muss, es aber keine Möglichkeit gibt mit dem Schlüsselspiel (wie in Teil I beschrieben) wieder rückwärts herunter zu fahren, so bleibt nur das wieder Anfahren am Hang.

Diese Übung ist nur bei Fahrzeugen mit Untersetzungsgetriebe möglich!

Zum wieder Anfahren am Hang ist der folgende Ablauf einzuhalten:

Schaltgetriebe

1)   Zum Anhalten sofort die Fußbremse treten

2)   Motor ausschalten, bedenken Sie die jetzt fehlende Servounterstützung bei der Fußbremse!

3)   Den ersten Gang in der Untersetzung einlegen

4)   Kupplungspedal loslassen

5)   Zündung auf „ein" stellen, nicht starten!

6)   Fußbremse langsam lösen, den Motor starten und dabei gefühlvoll Gas geben, die Räder dürfen nicht durchdrehen, diese würden sonst die Traktion verlieren. Keine wilden Lenkbewegungen vollführen, damit der Geländewagen sich nicht quer stellen kann. Jetzt in einem Rutsch im ersten Gang den Berg befahren.

TIPP: Sollten beim Starten des Geländewagens Probleme auftreten, wenn das Starten nur durch betätigen der Fußbremse möglich ist, so ist nach der Methode in Teil I des Schlüsselspieles zu verfahren!

Automatikgetriebe:

1)   Zum Anhalten sofort die Fußbremse treten

2)   Den ersten Gang in der Untersetzung einlegen

3)   Mit dem linken Fuß (wechseln der Füße) weiter bremsen!

4)   Handbremse lösen

5)   Fußbremse langsam lösen, gefühlvoll Gas geben, die Räder dürfen nicht durchdrehen, sie würden sonst die Traktion verlieren. Keine wilden Lenkbewegungen vollführen, damit der Geländewagen sich nicht quer stellen kann. Jetzt in einem Rutsch im ersten Gang den Berg befahren.

TIPP: Sollte es sich um einen weichen Untergrund handeln, Sand, Geröll oder Steine, so ist ein wieder anfahren nicht möglich und es muss nach dem Schlüsselspiel Teil I gehandelt werden!

4)   Über die Kuppe

Selbst unspektakuläre Kuppen oder Wälle mit nur 30 bis 50 cm Höhe können einen Geländewagen schnell stoppen. Nach dem Sie im Kapitel B, Titel 13 das Durchfahren von Gräben kennen gelernt haben, ist das Überfahren von Kuppen doch noch etwas komplizierter.

Wie bei einem Graben wird eine Kuppe immer schräg angefahren, der Winkel hängt auch hier von Radstand und Spurweite des Geländewagens ab. Bevor wir jetzt die Kuppe anfahren, müssen wir wissen, wo genau der Auspuff hinten unter der Stoßstange endet. Denn mit dem Vorderrad, auf dessen Seite der Auspuff endet, wird zuerst auf die Kuppe aufgefahren! Also, Auspuff endet hinten links, dann wird mit vorne links auf die Kuppe aufgefahren! Auf diese Weise kann der Auspuff beim herunterfahren von der Kuppe nicht mit ihr in Berührung kommen und wird somit auch nicht zerquetscht.

Bevor wir mit der Anfahrt beginnen, schalten wir alle Differenzialsperren ein. Wenn vorhanden, sollte auch die Traktionshilfe eingeschaltet werden. Der 1. Gang ist in dieser Fahrsituartion immer zu wählen auch bei einem Automatik-Geländewagen!

Falscher Winkel: Bodenfreiheit reicht nicht aus, Fahrzeug setzt auf!

Richtig: diagonal gegenüberliegenden Räder gleichzeitig auf der Kuppen

Der Anfahrtswinkel muss zwingend so gewählt werden, dass die diagonal gegenüberliegenden Räder gleichzeitig die Kuppenoberkante erreichen. Auf diese Weise kann der Bauch des Geländewagens nicht mehr aufliegen. Bei Geländewagen ohne Achssperren oder Traktionskontrolle kann, bei erreichen der maximalen Achsverschränkung, die Traktion zusammenbrechen. Die diagonal gegenüberliedenden Räder hängen in der Luft und drehen ungebremst durch. Bei Geländewagen mit sogenannten „offenen Achsen" hilft es meistens auch, wenn man eine „Linksbremsung" versucht: Man betätigt mit dem linken Fuß vorsichtig die Bremse. Durch das Abbremsen der hilflos drehenden Räder wird etwas Kraft auf die vom Bodendruck belasteten Räder gegeben. Dieses Vorgehen braucht auch viel Übung, um den Motor nicht abzuwürgen. Eine weitere Möglichkeit ist, mit etwas mehr Schwung anzufahren, um den kurzen „toten" Moment der Antriebslosigkeit oben auf der Kuppe zu überwinden. Dieses ist auch eine Möglichkeit, welche ebenfalls viel Gefühl vom Fahrer verlangt, um nicht über die Kuppe zu fliegen!

Wichtig bei der Übung ist es, möglichst langsam zu fahren und die Kupplung nicht schleifen zu lassen! Eine Kupplung, die hier Schleifen gelassen wird verbrennt aufgrund der hohen Belastung sofort! Ein Automatikgetriebe hat hier seine entscheidenden Vorteile. Sollte Ihr Geländewagen mit Automatikgetriebe in irgendeiner Situation zu schnell werden, können Sie ohne Probleme das Fahrzeug leicht abbremsen, ohne dass der Motor abgewürgt wird. Ein Kriechen über ein Hindernis ist somit problemlos möglich!

5) Extreme Verschränkung

Das Fahren in einer Verschränkungspassage ist vergleichbar mit den einzelnen Übungen „Graben" und „Kuppe". Auch hier gilt wieder die Goldene Regel: „So langsam wie möglich, aber so schnell wie nötig". Extreme Verschränkung bedeutet, dass immer ein oder sogar zwei Räder in der Luft „hängen". Demzufolge müssen wir, bevor wir in die Verschränkung einfahren, die Traktionskontrolle/Achssperren zuschalten. Wer beides nicht besitzt, braucht zum Durchfahren der Verschränkung etwas Schwung. Gleichzeitig ist ein Versuch sehr hilfreich, die Verschränkung in einer leichten „S-form" zu durchfahren. Durch diesen „Schlingerkurs" haben meistens mindestens drei Räder Bodenkontakt.

Das ständige „Aufbäumen" des Fahrzeugs in der Achsverschränkungspassage sieht spektakulär aus, ist aber mit ein wenig Übung leicht zu meistern.

6) *Kippgrenze ist erreicht!*

In aller Regel haben Geländewagen, je nach Typ und Ausrüstung, einen Kippwinkel von 30° bis ca. 40° (dynamischer Kippwinkel). Wird dieser dynamische Kippwinkel überschritten, kippt der Geländewagen auf die Seite oder überschlägt sich. Um diese Situation zu vermeiden, versuchen Sie die Hangneigung möglichst genau zu schätzen. Achten Sie darauf, dass Sie hangabwärts möglichst viel Platz haben, um dorthin notfalls ausweichen zu können. Überprüfen Sie Ihre Fahrspur! Der Kippwinkel kann a) bei der Fahrt über einen nur faustgroße Stein der hangaufwärts liegt oder b) bei der Fahrt durch eine Mulde die talwärts liegt, überschritten werden! Vergleichen Sie auch Kapitel C, Titel 18.

Sollte während der Schrägfahrt das Heck bzw. die Hinterachse wegrutschen, so lenken Sie sofort hangaufwärts und geben beherzt Gas. Fangen Sie das Fahrzeug möglichst sofort ab und fahren anschließend rückwärts von dem Hang herunter.

Rutscht die Vorderachse talwärts, so lenken Sie in die gleiche Richtung und geben Gas! Das Gewicht des Motors und das Gasgeben ziehen die Vorderachse Richtung Tal. Fangen Sie das Fahrzeug sofort in der Fallinie ab und fahren talwärts.

Sollte Ihr Fahrzeug seitlich in Richtung Tal rutschen, lenken sie sofort talwärts, geben Gas und fahren talwärts entlang in der Falllinie. Ansonsten besteht die Gefahr, dass Ihr Fahrzeug beim seitlichen Abrutschen an einer Verwerfung hängen bleibt und umkippt. Brechen Sie also die Schrägfahrt ab und fahren sofort talwärts.

Beifahrer beim „Trapezen"

Um das Kippen noch ein wenig hinauszuzögern, können Sie Ihren Beifahrer auch zum „Trapezen", also gewissermaßen als Ausleger benutzen! Hierbei aber mit größter Vorsicht vorgehen, denn die Standsicherheit der Beifahrer ist hier ausschlaggebend! Der oder die Beifahrerin sollte sich möglichst hangaufwärts auf das Trittbrett stellen und sich als Gegengewicht vom Fahrzeug weg lehnen. Wenn keine Trittbretter vorhanden sind, kann man sich auch bei geöffneter Tür an dessen Rahmen festhalten und nach außen lehnen. Ideal wäre eine Kombination aus Trittbrett und Dachreling zum festhalten. Sollte dennoch das Fahrzeug kippen, ist darauf zu achten, dass der Beifahrer rechtzeitig abspringen kann und nicht mit Kleidungsstücken hängenbleibt!

TIPP: Wer seitlich an einem Hang fahren muss, der sollte das gleichmäßige Fahren beherrschen. Am besten ist es, den Geländewagen im Bereich der Leerlaufdrehzahl fahren zu lassen. Auch der kleinste Gasstoß gefährdet die Standsicherheit Ihres Beifahrers beim Trapezen!

7) Anspruchsvolle Wasserdurchfahrt

Gerade die anspruchsvolle Wasserdurchfahrt ist der Nervenkitzel schlechthin. Jeder Fehler in der Vorbereitung oder beim Durchfahren des Wassers kann zu schweren Schäden oder auch Totalverlust führen. Wie bereits im Titel „einfache Wasserdurchfahrt" erklärt, mag die Technik unseres Geländewagens kein Wasser. Deshalb erfordert die anspruchsvolle Wasserdurchfahrt, die mit Tiefen oberhalb der freigegebenen Wattiefe lockt, eine ganz besondere Vorbereitung.

Wer sein Fahrzeug nicht schon von vornherein auf eine tiefe Wasserdurchfahrt vorbereitet hat, muss improvisieren, wenn er vor einem Fluss ohne eine Umfahrung oder Brücke steht. Jetzt zeigt es sich, wer seinen Geländewagen genau kennt. Die freigegebene Wattiefe lässt sich noch einfach ermitteln. Doch wo zieht der Motor seine Verbrennungsluft an? Oberhalb des Kühlers? Im Kotflügel? Auf jeden Fall ist es besser, jetzt einen Schnorchel am Fahrzeug montiert zu haben. Auch wenn jemand einen Schnorchel nachträglich montiert hat, ist dieser auch wirklich abgedichtet? In fast 100% aller Fälle sind entweder die zum Luftfilterkasten laufenden Leitungen nur gesteckt und somit nicht wasserdicht oder der Regenwasserablauf im Luftfilterkasten ist nicht verschlossen worden! Man sollte diese Verbindungen als erstes überprüfen.

Die Wattiefe wird meistens durch die Position der Be- und Entlüftung der Achsen, Getriebe und Verteilergetriebe begrenzt. Wer bereits einen hochgelegten Luftansaugschnorchel besitzt, kann mit wenig Aufwand auch die Be- und Entlüftung der Achs-, Haupt- und Verteilergetriebe an dieser befestigen und so hochlegen! Dabei ist auch an den Tank bzw. dessen Be- und Entlüftung zu denken!

Wer keine hochgelegte Luftansaugung besitzt, kann jetzt durch Improvisation glänzen: Sie sollten versuchen, die serienmäßige Luftansaugung mit Hilfe eines flexiblen Schlauches (z.b. ein Abluftschlauch eines Wäschetrockners) durch ein Fenster in den Innenraum zu verlegen. Die Verbindung zur Luftansaugung im Motorraum ist mit Hilfe von „Panzerband" gut zu befestigen und abzudichten. Benötigt Ihr Geländewagen noch sogenannte „wading-plugs"? So sind diese jetzt einzubauen. Die Wading-plugs sind zwei Schrauben, die bei einigen älteren Motoren zur Abdichtung des Zahnriemen- und des Steuergehäuses dienten. Diese Öffnungen (Wading-plugs) waren bis in die neunziger Jahre eine übliche Technik zur Verschleißkontrolle am Zahnriemen und Steuergehäuse.

Bevor Sie ins Wasser fahren, ist es erforderlich den Motor und die komplette Beleuchtung auszuschalten. Ein starker Temperaturabfall beim Einfahren in das kalte Wasser würde sonst bei beiden Systemen thermische Spannung und Risse verursachen. Insbesondere die Streuscheibe der Scheinwerfer, der Turbolader und der Auspuffkrümmer sind sehr temperaturempfindlich.

Werfen wir jetzt noch ein Blick unter die Motorhaube: Hier stellt man sehr schnell fest, dass es viele Kabelverbindungen gibt. Jeder kann sich vorstellen was passiert, wenn diese Verbindungen mit Wasser in Berührung kommen. Sollte es sich sogar um Salzwasser handeln, ist ein Kurzschluss aufgrund der besseren Leitfähigkeit des Salzwassers vorprogrammiert. Selbst wenn wir durch Süßwasser fahren, müssen wir diese Verbindungen zumindest provisorisch vor direktem Wasserkontakt schützen. Aber wie? Als am längsten haltbar hat sich hier Haarspray gezeigt! Es klingt im ersten Moment merkwürdig, aber Haarspray bildet eine dichte Oberfläche und ist damit auch wasserabweisend. Alle Kontakte und Verbindungen, die wir mit dem Haarspray einsprühen wollen, müssen staub- und zumindest fettfrei sein. Ganz wichtig sind die Sicherungen und ganz besonders deren Rückseite. Dort befinden sich die offenen Kabelenden. Die meisten Sicherungseinheiten kann man mit zwei- bis vier Schrauben lösen und gelangt so an die Rückseite. Anschließend kann man die Sicherungen gut einsprühen. Vergessen Sie aber nicht die Vorderseite! Diese Methode sollte nicht als Scherz missverstanden werden, auch wenn es manchmal auffällig riecht! Informieren sie Ihren Lebenspartner/in darüber dass auch ein Geländewagen ab und zu ein wenig Haarspray braucht...!

Etwas aufwendiger als Haarspray ist Silikonpaste, welches als Gleit- und Trennmittel verkauft wird. Sie ist temperaturunempfindlich und transparent und wird auf die entsprechenden Steckerverbindungen aufgetragen. Dieser Schutz ist außerdem wesentlich beständiger als Haarspray.

Einen etwas größeren Aufwand haben naturgemäß die Benzinmotoren. Wenn Ihr Geländewagen noch einen herkömmlichen Verteiler besitzt, nehmen sie den Deckel einmal ab. Nach dem sie diesen gereinigt und mit etwas Kontaktspray gegen Korrosion geschützt haben, sollten sie jetzt einen Ring aus Silikon auf die Verteilerkappendichtung auftragen. Bei einigen Verteilerkappen (z. B. von Nissan) ist in dem Verteilerkappenboden eine kleine Öffnung zum Ablaufen von

Kondenswasser vorhanden. Diese Öffnung muss ebenfalls mit verschlossen werden.

Benutzen Sie möglichst kein anderes Material als Silikon, denn Silikon klebt nicht und lässt sich später leicht wieder entfernen. Als nächstes sind die Zündkerzen dran: Ziehen sie die Zündkerzenkappen ab und dichten Sie im Bereich der vorhandenen Gummi Dichtung mit Hilfe von einer Silikonwurst noch einmal zusätzlich ab.

Alles, was noch mit Elektronik zu tun hat, sollte jetzt noch mit einer handelsüblichen Klarsichtfolie eingepackt werden. Besonders die „Blackbox" also der Hauptrechner im Geländewagen. Die Blackbox ist meistens nur oberflächlich im Fahrzeug oder unter der Motorhaube geschützt. Aber immer in einem Bereich platziert, der vom Spritzwasser erreicht werden kann. Deshalb ist es wichtig zu wissen, wo sich die Blackbox befindet, um sie entsprechend zu schützen.

Bei einigen Fahrzeugen (z. B. Land-Rover Defender) sind Sicherungskästen und Batterie unterhalb des Fahrer- oder Beifahrersitzes eingebaut. Aufgrund der niedrigen Einbauhöhe ist hier besonders auf wasserfeste Kabeldurchführungen zu achten.

Folie vor dem Kühler, „Ansaugstutzen" im Beifahrer Fenster

Zum Abschluss wird jetzt noch eine große Folie direkt vor dem Kühler befestigt und zwar so groß, dass der komplette Kühler abgedeckt wird, auch der Teil der sich unterhalb der Stoßstange befindet. Zur Befestigung an der Karosserie eignet sich auch hier das sogenannte Panzerband, es klebt sehr gut und lässt sich fast rückstandsfrei entfernen. Die Folie bewirkt, dass kein Schwallwasser durch die Kühlerlamellen in den Motorraum eindringt. Wer einen elektrischen Kühlerventilator hat, sollte ihn während der Wasserdurchfahrt ausschalten, wenn möglich. Ist keine Folie vor dem Kühlergrill befestigt, kann der Kühlerventilator durch die Wucht des hereinströmenden Wassers verbiegen. Ist der Ventilator vor dem Kühler montiert, wird dadurch der dahinter liegende Kühler schwer beschädigt! Ansonsten soll die Folie verhindern, dass der Kühlerventilator mit dem Wasser in Berührung kommt und das sich Wasser im Motorraum als Sprühnebel verteilt. Die Folie soll aber nicht nur vor Schwallwasser schützen, sondern auch verhindern, dass das Wasser im Bereich der Kühlrippen zum Stehen kommt. Durch das stehende Wasser, das meist schlammgesättigt ist, verdunstet das Wasser und der Schlamm verklebt die Lamellen, wodurch der Motor nicht mehr richtig gekühlt werden kann und überhitzt. Eine Situation, wie sie bei Trials und Trophies häufig zu sehen ist.

Bei fast allen Geländewagen ist es erforderlich weitere Öffnungen wie z.B. Heizung, Turboladerkühlung, usw. noch vor eindringendem Wasser zu verschließen! Diese befinden sich meisten auf der Motorhaube oder Kotflügel.

<u>Wichtig:</u> Bei der Wasserdurchfahrt nicht anhalten! Nur wenn Ihr Geländewagen ständig bei der Wasserdurchfahrt in Bewegung bleibt, kann das Wasser im Motorraum nicht hoch ansteigen. Bleiben Sie im Wasser aber stehen, steigt das Wasser auch im Motorraum an und kann ihn komplett fluten. Dieses kann dann zu Schäden am Motor und/oder der Elektronik führen.

Vor der Einfahrt ins Wasser sollte mindestens ein Bergegurt hinten am Geländewagen montiert werden. Eine eventuelle Bergung durch ein anderes Fahrzeug ist somit wesentlich schneller möglich.

Bei der Einfahrt ins Wasser, fahren wir der Situation angepasst! Bei schlammigem und felsigem Untergrund muss mit entsprechender Geschwindigkeit und eingelegtem Untersetzungsgetriebe gefahren werden. Sollte es sich um ein Fließgewässer handeln, darf auf keinen Fall gegen die Strömungsrichtung gefahren werde. Der Wasserdruck würde derart steigen, dass der Motorraum geflutet wird. Sollte jedoch trotz aller Vorbereitung der Motor absterben, versuchen Sie jetzt den Geländewagen gegen die Strömung abzustellen. Dadurch wird verhindert, dass Wasser im Auspuff bis zum Motor hochsteigen kann!

TIPP: Je langsamer ich fahren kann desto sicherer komme ich zum gegenüberliegendem Ufer. Müssen Sie allerdings wegen des Untergrundes schneller fahren, weil z.B. der weiche Untergrund dieses verlangt, so brauchen Sie, wie bei jeder Wasserdurchfahrt üblich, die Untersetzung. Allerdings ist es jetzt umso wichtiger, dass die Antriebskraft auch auf den Untergrund übertragen werden kann. Bedenken Sie, solange der Innenraum im extrem tiefen Wasser nicht geflutet ist, schwimmt auch ein 2,5 Tonnen schwerer Geländewagen!

8) Fahrzeug „schwimmt"

Es kann Situationen geben, in denen man einem sehr tiefen Wasserlauf nicht ausweichen kann. Dann sollten Sie wissen, wann Ihr Fahrzeug aufschwimmt! Bei einem Land-Rover Defender z.B. ist das ab ca. 1,25m Wassertiefe der Fall. Der Land-Rover wird solange schwimmen, bis der Innenraum zu ca. 50% geflutet ist.

Ein Geländewagen der schwimmt, auch wenn es nur kurzfristig ist, wird mit der Strömung mitgerissen und ist ihr hilflos ausgeliefert. Wo oder wie das Fahrzeug angespült oder weggespült wird, liegt dann allein an der Strömung! Solange der Innenraum nicht nahezu vollständig geflutet ist, schwimmt auch ein 2,5 Tonnen schwerer Geländewagen, also Vorsicht!

Das Aufschwimmen des Geländewagens gilt es natürlich zu verhindern. Zu verhindern ist das aber nur, wenn von Anfang an eingeplant wird, den Innenraum zu fluten!

Zuerst müssen im Fahrzeuginnenraum alle Dinge gesichert werden, die „wegschwimmen" können oder wasserempfindlich sind (z. B. Landkarten, Papiere usw.). Jetzt sollten Sie die Wassertiefe genau ermitteln, damit man beim Durchfahren des Flusses nicht im eigenen Geländewagen ertrinkt! Wenn jetzt ins Wasser gefahren wird, immer leicht schräg mit der Strömung ins Wasser einfahren. Dabei die Tür oder Türen öffnen, aber nur die, welche von der Strömung abgewandt sind. Das Wasser wird sehr schnell einströmen und das Fahrzeug bleibt immer mit den Rädern am Grund des Flusses. Sie können jetzt durch den Wasserlauf fahren. Wichtig: Anschnallen und den Gurt arretieren, damit man nicht selbst vom Wasserdruck aus dem Sitz gehoben wird und die Kontrolle über das Fahrzeug verliert! Alle Fahrtricks, Tipps und Tricks aus dem Titel 7 gelten weiter.

TIPP: Nach einem gefluteten Innenraum sollte man die Innenraumverkleidung zum Trocknen komplett demontieren. Allerdings ist der Teppichboden meistens „netterweise" so verlegt, dass er sich erst nach ausgiebiger Demontage von Innenraumverkleidung, Einstiegsleisten usw. entnehmen lässt. Trotzdem ist dieses Vorgehen nach einem Tauchbad unbedingt erforderlich, um der braunen Pest (Rost) vorzubeugen!

9) Anspruchsvolle Schlammpassage

➔ **Im Schlamm und Sand nicht anhalten, nicht schalten!**
➔ **Halten Sie Ihren Geländewagen immer in Bewegung!**
➔ **Schalten Sie das ESP aus! (siehe Kapitel I, Titel 17)**

„Low Range" beziehungsweise das Untersetzungsgetriebe sollte immer rechtzeitig zugeschaltet werden!

„Ein Fahrzeug, das sich durch zähen Schlamm oder tiefen Sand vorwärts bewegt, ist Träger von Bewegungsenergie!"

Was Bedeutet:

Es gehört weniger Kraft dazu, weiter in Bewegung zu bleiben, als in einer solchen Situation auszukuppeln, den nächst niedrigeren Gang einzulegen und wieder anzufahren.

➜ Also nicht schalten, sondern beherzt Gas geben im Schlamm!

Wer bei einem Geländewagen mit Schaltgetriebe zum Gangwechsel auskuppeln muss, riskiert in diesem Moment, dass die antriebslosen Räder im tückischen Untergrund versinken und der Geländewagen stecken bleibt.

Fahrer von Fahrzeugen mit Automatikgetrieben sind in solchen Situationen eindeutig im Vorteil: Der Automat bleibt auch beim Schalten kraftschlüssig!

Besitzt Ihr Geländewagen keine Achssperren, versuchen Sie, die Handbremse ca. 30% bis 50% anzuziehen. Die Handbremse muss aber direkt auf die Bremstrommel der Hinterräder wirken und darf nicht über die Kardanwelle einwirken! Ist die Handbremse angezogen ist die Wirkung an der Hinterachse ähnlich einer Schlupfregelung. Natürlich wird der Rollwiderstand erhöht, und Sie müssen deutlich mehr Gas geben, um diesen zu überwinden!

Eine weitere Möglichkeit, ist die Montage von sogenannten „Schlammketten". Sollten Sie keine Schlammketten besitzen, können Sie mit wenigen Hilfsmitteln eine Art Kette improvisieren: Nehmen sie z.B. Kabelbinder, Kabel oder Schnüre und füren diese durch die Felge um den Reifen und verbinden alles fest miteinander. Dieses Methode ersetzt zwar keine stabile Schlammkette, aber sie hilft meistens zumindest ein Stück weiter.

Wenn Sie bemerken, dass die Reifen durchzudrehen beginnen, dann bewegen Sie das Lenkrad schnell hin und her. Dadurch bekommen die Vorderreifen mit Hilfe der äußeren Profilblöcke neuen Grip und ziehen das Fahrzeug meistens noch durch. Solange sich Ihr Fahrzeug noch minimal bewegt, heißt es nicht aufgeben und weiterfahren. Erst wenn der Geländewagen sich wirklich gar nicht mehr bewegt, stoppen und bergen.

Sollte die Schlammpassage länger als nur 10 m sein, so bleibt einem nichts anderes übrig, als im Straßengang und höherer Geschwindigkeit unter Einsatz aller Sperren zu versuchen, soweit wie möglich, zu kommen. Beim Beschleunigen im Schlamm ist darauf zu achten, dass die Räder nicht mit zu hoher Geschwindigkeit durchdrehen. Durchdrehende Anriebsräder übertragen keine Vortriebskräfte auf den Untergrund! Müssen Sie im Schlamm eine Kurve fahren, nehmen Sie vorher alle Sperren raus! Nur so können sie sicher sein, dass Ihr Geländewagen auch dem Lenkeinschlag im glatten Schlamm folgt! Die

Gefahr des Rutschens ist dennnoch sehr groß. Nach Durchfahren der Kurve sind alle Sperren wieder zu aktivieren.

Nach dem Gesetz der Massenträgheit will ein bewegter Körper in Bewegung bleiben. Deshalb heißt es in langen Schlammetappen, auf jeden Fall in Bewegung zu bleiben. Dabei immer daran denken, während der Fahrt im Schlamm nicht zu schalten! Wird die Geschwindigkeit deutlich langsamer, sofort mit den Lenkradbewegungen beginnen. Je nach Konsistenz des Schlamms ist der Erfolg mal besser (trockener) oder schlechter (fast flüssig).

Was auch im Schlamm gerne vergessen wird, ist der Schutz der Kühler von Motor, Öl und Ladeluft, wie im Titel 7 beschrieben. Der Schlamm kann wesentlich schneller, als Wasser, den Kühler Verkleben. Als Nächstes sollten Sie sich Ihre Reifen einmal ansehen: Der Luftdruck sollte deutlich reduziert werden. Ein Luftdruck von ca. 1,4 bar reicht meistens aus, damit der Reifen „freiwerfen" kann. Das Profil wird so gereinigt und kann wieder greifen.

Nicht vergessen, vorher das Bergeseil am Fahrzeugheck zu montieren!

Das schnelle Durchfahren von längeren Schlammlöchern birgt allerdings eine sehr große Gefahr. Sollten die stark durchdrehenden Räder Kontakt mit einem wesentlich griffigeren Untergrund bekommen, wirken schlagartig gigantische Drehmomente auf die Steckachsen. Diese Drehmomente hält keine Steckachse aus. Sobald Sie merke, dass die Griffigkeit des Untergrundes besser wird, müssen Sie sofort vom Gas gehen! Allerdings kann dieses auch sehr abrupt passieren, z.B. wenn im Schlamm versteckt ein großer Stein oder Baumstumpf liegt!

10)   Wo das Bergeseil befestigen?

Das Bergeseil sollte nur an Bergeösen oder ähnlichem befestigt werden, die mindestens für das 3-fache des zulässigen Fahrzeuggesamtgewichtes ausgelegt sind. An einem Land-Rover Defender zum Beispiel, befindet sich *keine* Bergeöse! Was beim Defender am Rahmen zu sehen ist, sind lediglich Transportsicherungsösen, welche zum Verzurren des Defenders beim Transport auf Anhängern oder in den Containern gedacht sind. Wer versucht, mithilfe dieser Transportösen einen Defender aus dem Schlamm zu bergen, wird diese Ösen höchstwahrscheinlich sofort abreißen. Der Defender ist nur ein Beispiel, es müssen bei den meisten Geländewagen solche Bergeösen nachgerüstet werden. In dem einschlägigen Zubehörmarkt gibt es für jede Fahrzeugmarke individuelle Lösungen.

Es gibt auch die „Eigenbau" -Lösung

Am besten eignet sich als Anschlagspunkt zur Bergung die Anhängerkupplung, über die fast jeder Geländewagen und SUV verfügt. Wenn möglich, sollten zwei Schlaufen des Gurtes über den Kugelkopf gehängt werden. Bei der Anhängerkupplung gilt es zu bedenken, dass diese für rollende Lasten von ca. 2,0-3,5 t ausgelegt sind, je nach Fahrzeugmodell. Wenn Ihr Geländewagen ein zulässiges Gesamtgewicht von z. B. 2,8 t hat, sollte die Anhängerkupplung nach einschlägiger Definition aber eine Zuglast von 8,4 t aushalten! Eine Anhängerkupplung ist sehr empfindlich: Wenn nicht mittig gezogen wird, kann sich der Kugelkopf leicht verbiegen!

Auf keinen Fall darf der Bergegurt oder das Seil an den Achsen oder Lenkstangen befestigt werden! Auch die Stoßstangen sind in den allermeisten Fällen nicht für die Fahrzeugbergung ausgelegt.

TIPP: Ein stabiler Anschlagspunkt (Bergeöse) vorn und hinten am Geländewagen ist unerlässlich für eine sichere Fahrzeugbergung! Siehe hierzu Titel 11. Wird ein Schäkel zur Befestigung des Seiles verwendt, so muss er den gleichen Durchmesser haben, wie das Seil selbst. Sonst können die Fasern des Seiles beschädigt werden und das Seil reißen.

Wer es perfekt machen möchte, bringt vorne und hinten am Fahrzeug jeweils zwei Bergeösen an. Diese zwei Bergeösen werden jetzt mittels eines kurzen Seiles verbunden. An diesem Seil wird im Falle einer Bergung das Bergeseil mit Hilfe eines Schäkels angeschlagen. Sollte jetzt die Bergung in einem engen Teilstück erfolgen, wo beide Fahrzeuge rangieren müssen, kann das Bergeseil zwischen den Bergeösen über das Seil wandern. Das harte Herumreißen des zu bergenden Fahrzeugs in engen Kurven gehört damit der Vergangenheit an!

94

11)   Bergeseil, Bergegurt oder Stahlseil?

Das Bergen von einem eingesandeten oder sonst irgendwie havarierten Fahrzeug ist eine häufige Übung im Gelände. Sinn einer gelungenen Bergeaktion ist es, dass havarierte Fahrzeug zu bergen und das keines der beiden Fahrzeug beschädigt wird!

Bergegurt : Kompakte Abmessung aber kaum Dehnung (maximal 5%)

Egal womit ein Geländewagen geborgen wird, das Bergematerial muss nicht nur das Fahrzeuggewicht sondern auch die Kräfte, die es „festhalten", als Zuglast aushalten. Die Bruchlast des Bergematerials wird nach folgender Formel berechnet: Zulässiges Gesamtgewicht multipliziert mit dem Faktor „3". Ein Geländewagen mit dem zulässigen Gesamtgewicht von 2,8 t. muss mit einem Bergematerial geborgen werden, welches eine Bruchlast von rund 8,4 t aufweist (2,8t x 3 = 8,4 t)!

Ist ein Fahrzeug bis auf das Bodenblech, z. B. im Schlamm, versunken, hilft hier ein sanftes Anfahren nicht mehr weiter. In diesem Fall muss das ziehende Fahrzeug mit Schwung anfahren um genügend Anzugsmoment zu erzeugen, so dass das zu bergende Fahrzeug aus dem Schlamm befreit werden kann.

Welches Bergematerial hierfür das beste ist, kann man sich schnell denken, es muss ein elastisches Material sein. Ein unelastisches Material gibt den Anfahrtsruck ungefiltert an das zu bergende Fahrzeug weiter. Bei einer solchen Aktion reißt die Abschleppöse eines der beiden Fahrzeuge meistens ab. Gerade bei unelastischen Gurten kommt es dagegen häufig vor, dass beim Bergen im Sand anschließend beide Autos festsitzen. Vor allem, wenn der Fahrer des Zugfahrzeugs mit durchdrehenden Rädern zu ziehen versucht hat! Dieses ist nur ein kleines Beispiel wie die Bergeaktionen mit z. B. einem Stahlseil oder ähnlichem oft ablaufen.

Besser ist im diesen Fall, ein Seil oder Gurt mit ca. 30% Dehnung zu verwenden. Gurt mit 30% Dehnung sind nur sehr wenig verbreitet, entsprechende Bergeseile dagegen sind im Handel sehr leicht zu bekommen.

Bergeseile gibt es in verschiedenen Längen, am gebräuchlichsten sind die 9-Meter-Seile in allen Bruchklassen. Seile haben zusätzlich noch den Vorteil, dass sie sich mit Umlenkrollen kombinieren lassen. Bergeseile mit 30% Dehnung gibt es mittlerweile auch schwimmfähig! Diese Art des Bergeseiles ist sicherlich nicht unbedingt für die Wüste gedacht, hat aber seinen Sinn im feuchten Norddeutschland. Was nützt das beste Bergeseil, wenn man es jemandem im Wasser zuwirft und der muss erst einmal nach dem Seil tauchen?

Warnung: Egal ob Sie ein Stahlseil, Bergegurt oder Bergeseil verwenden, jedem Material hat eines gemeinsam: Es kann reißen! Sollte es soweit kommen, tritt der sogenannten „Peitschen-Effekt" auf. Dieser Effekt ist das Zurückschlagen des Seiles. Wer von ihm getroffen wird kann sich lebensgefährlich verletzen. Besonders Nylonseile (PA) entwickeln beim Bruch eine enorme Rückschlagsenergie!

TIPP: Wird ein Fahrzeug geborgen, heißt es für die „herumstehenden" Personen den 1,5-fachen Abstand der Seillänge als Sicherheitsabstand einhalten. **Wichtig**: Immer einen Gegenstand auf das Bergeseil legen z. B. Jacke, Handtuch, anderes Bergeseil, usw. Dadurch mindert sich der Peitscheneffekt bei einem Abreißen des Seiles erheblich!

12) Das richtige Bergen von Geländewagen

Um Bergegurt und Fahrzeuge zu schonen, gilt deswegen als wichtigste Faustregel: So lange man nicht unter dem Auto hindurchsehen kann, erspart man sich das Ziehen und gräbt erst einmal den Geländewagen weiter aus. Auch wenn dieses viel Zeit kostet, ist es die sicherste Möglichkeit, einen Geländewagen vor Schäden beim Bergen zu schützen!

Erst dann kann es ans Bergen und Ziehen gehen. Als beste Lösung haben sich möglichst elastische Bergegurte oder –Schlingen erwiesen. Wahre Wunder bewirkt ein hochelastisches Seil, das es in Längen von 5 m oder 20 m gibt. Bekannt ist es als „Black Snake" Seil oder als „Hashi Ken" -Bergegurt. Es handelt sich in beiden Fällen um ein dem Bungee-Seil verwandtes Produkt aus Australien. Dieses Seil hat eine Dehnung von ca. 80% und kann mit anderen Seilen gekoppelt werden. Die Anwendung der elastischen Seile ist im Allgemeinen einfach, sollte jedoch einmal geübt werden.

Zur Anwendung: Das Seil wird ordnungsgemäß zwischen Zugfahrzeug und dem zu bergenden Fahrzeug montiert. Anschließend fährt das Bergefahrzeug langsam bis zur maximalen Dehnung an. Diese maximale Dehnung ist im

Zugfahrzeug dadurch zu bemerken, dass das Zugfahrzeug langsam trotz ausreichender Motorleistung zum Stillstand kommt. Ist nun das Zugfahrzeug aufgrund des Widerstandes zum Stehen gekommen, so muss die Fußbremse mit aller Kraft getreten werden! Das Seil wird sich dann etwas zusammenziehen und das zu bergende Fahrzeug kommt so ganz sanft wieder frei. Sollte dieses nicht gleich beim ersten Mal zum Erfolg führen, so ist dieses mit etwas mehr Schwung zu wiederholen.

Sie werden feststellen, mit etwas Übung ist dieses die schonendste Art ein Fahrzeug zu bergen.

Falls der Bergeversuch nicht zum Erfolg geführt hat, bleibt ein Vorteil: Die aufgebauten Kräfte haben zumindest dafür sorgen, dass der ziehende Geländewagen ohne Probleme wieder zurückfahren kann, um einen neuen Anlauf zu nehmen.

Achtung: Seile und Bergegurte dürfen nur bis zu 80% der maximalen Bruchfestigkeit belastet werden! Eine 20%ige Sicherheit muss immer abgezogen werden.

Hilfreich ist es in allen Fällen, wenn zwei Bergegurte oder Seile von je 9 m Länge vorhanden sind. Eines für unwegsames Gelände und beide, um im tiefen Sand oder bei einer Wasserdurchfahrt mit 18 Meter Länge ziehen zu können, ohne sich selbst in die Gefahrenzone zu begeben.

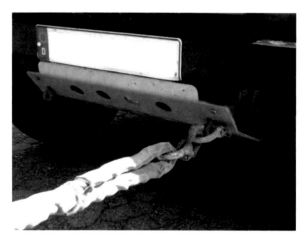

Stabile Seilverbindung mit dem Bergefahrzeug

Aber mit dem Gurt allein ist es nicht getan. Dieser muss nämlich auch noch an den beiden Fahrzeugen befestigt werden – was sich unter Umständen als schwierig erweist. Siehe auch Titel 8.

Kann der Havarist nicht rückwärts geborgen werden, wird es schon schwieriger. Die Abschleppöse am Bug der meisten Geländewagen erlaubt kein Durchschlaufen des Bergegurtes, da diese meistens zu klein sind. Die Öffnung in der Stoßstange der meisten SUV erfordert auf den ersten Blick sogar einen Schäkel zum Befestigen des Gurtes. Und genau auf diesen sollte man möglichst verzichten, da die verschweißten Ösen äußerst stabil sind, aber nur für die in der Längsachse einwirkende Zugkräfte.

Der Gesetzgeber fordert zur Fahrzeugbergung nur Abschleppmöglichkeiten für maximal 50% des Fahrzeuggewichtes und dies auch nur bei geradem Zug! Das kann bedeuten, dass ein 2,0 t schwerer Geländewagen Abschleppösen besitzt, die nur für maximal 1,0 t Zuglast zugelassen sind!

Muss im Off-Road Gelände schräg gezogen werden und fällt der Ruck einmal etwas zu kräftig aus, kann die Öse nachgeben und der dann freikommende Schäkel wird zum Geschoss! Dieser kann beim Zugfahrzeug die Hecktür oder die Scheibe durchschlagen und für alle umstehenden Helfer als auch für den Fahrer des ziehenden Geländewagens zur Gefahr werden! Besser ist es deshalb einen Schlupf, das heißt, eine Schlaufe aus dünnem und dennoch stabilem Material der durch die Öse gezogen wird und durch den der Bergegurt dann wiederum durchgeführt werden kann zu benutzen.

Noch besser ist ein Seil mit ca. 30% Dehnung. Die Sicherheit bleibt auch dabei stets erstes Gebot! Wie schon in Titel 11 beschrieben: Wer nicht direkt mit dem Bergemanöver beschäftigt ist, sollte stets ausreichenden Abstand halten! Beim Ziehen selbst sollte dieser mindestens die 1,5 fache Seillänge betragen.

Bergeseil mit 30% Dehnung und hier auch schwimmfähig

Zusätzlich zu diesem Sicherheitsabstand ist es wichtig, den Bergegurt oder das Seil mit einem weiteren Gewicht wie z. B. Seil, Gurt, Jacke oder Fahrzeugteppich in der Mitte des Bergeseiles zu beschweren! Dadurch wird der eventuell entstehende Peitscheneffekt von dem auf dem Seil liegenden Gegenstand abgefangen!

Bei einer extremen Belastung des Bergeseiles oder Gurtes ist es sicherer, die Motorhaube des zu bergenden Fahrzeugs aufzustellen, um bei einem Reißen des Bergeseiles oder Gurtes einen Schutz vor eventuell herumfliegenden Schäkeln zu haben. Diese Geschosse durchschlagen sonst mühelos die Windschutzscheibe!

Wenn man alleine unterwegs ist, ist die zeitaufwendige Verwendung eines Hi-Lift-Wagenhebers meistens die einzigste Möglichkeit, sich selbst zu bergen. Mit Hilfe dieses Wagenhebers, der exakt in der Mitte des Geländewagens hinten und anschließend vorne zu positionieren ist, wird der Wagen maximal hoch gehoben. Sobald die komplette Hinterachse schwebt, wird der Geländewagen zu einer Seite gedrückt. Das Fahrzeug „fällt" mit dem Hi-Lift-Wagenheber um und versetzt seitlich um ca. 0,60m. Diese Bergeaktion kann man vorn bzw. hinten am Fahrzeug fortsetzen und so den Geländewagen seitlich um bis zu einigen Meter versetzten. Anstatt das Fahrzeug seitlich zu versetzen, besteht natürlich auch die Möglichkeit, Sandbleche unter das angehobene Fahrzeug zu legen, um anschließend besser anfahren zu können.

TIPP: Zur Sicherheit aller Beteiligten sollte immer eine Person als „verantwortlicher Einweiser" bei allen Bergeaktionen bestimmt werden. Nur den Anweisungen dieser Person ist von allen Seiten unbedingt Folge zu leisten!

13) *Traktionshilfe zum Wiederanfahren*

a)   Sandbleche

Sandbleche, Bodenbelagsbleche oder auch Luftlandebleche finden Ihren Einsatz auf Sportflugplätzen, als Befestigung von Landebahnen, als Safarizubehör, als allgemeines Off-Road-Zubehör und auf Baustellen. Mit diesem wiederaufnehmbaren Bodenblechen sind unbefestigte Plätze und Wege selbst mit schweren Fahrzeugen befahrbar. Heutzutage sind diese Einsätze der Bleche eher selten, ursprünglich wurden sie wärend des 2. Weltkrieges von den Amerikanern auf den provisorischen Flughäfen in Nordafrika eingesetzt. Sie waren ca. 3,00m lang und besaßen an den Seiten Langlochschlitze und L-förmige Haken zur einfachen Montage und Demontage durch Zusammenstecken. Soweit zur Historie der Sandbleche.

Relativ neu auf dem Markt sind GFK Sandbleche. GFK steht für Glasfaserverstärkter Kunststoff. Sie bestehen aus mehreren Schichten Glasfaser und zwei Sorten Epoxidharz. Die Unterseite hat eine Riffelblech-Struktur, die Oberseite ist mit traktionssicherem Granulat beschichtet. Sie können sich leicht verbiegen, kehren aber immer wieder in den Urzustand zurück. Zum Überbrücken von breiteren Spalten sind sie nicht geeignet, lassen sich auch im Auto verstauen. Fazit: Gute Alternative zum Metall-Sandblech und dem teuren Kevlar-Blech. Gewicht: Bei 1,18m Länge nur ca. 2,8kg

Typischer Einsatz für Traktionshilfen wie z. B. Sandbleche

Das Prinzip von Sandblechen ist es, die Auflagefläche auf dem weichen Untergrund zu erhöhen, somit ist auch auf weniger tragfähigen Untergründen ein Anfahren wieder möglich. Wenn versucht werden soll nach vorne weiter zu fahren, werden die Sandbleche möglichst unter die Hinterräder gelegt. Sollten die Sandbleche entgegen dieser Regel unter die Vorderräder gelegt werden, so wird das Sandblech, wenn das Vorderrad vom Sandblech herunterfährt, so angehoben, dass sich das Sandblech unter dem Fahrzeug verkeilt und Schäden anrichten kann. Beim Anfahren auf Sandblechen kann es besonders auf weichen Untergründen vorkommen, dass die Sandbleche in den Boden eingedrückt werden. Das Wiederfinden und Ausgraben ist meistens nicht ganz einfach.

Ist ein Sandblecheinsatz unausweichlich, ist auch an das Wiedereinsammeln zu denken. Nach dem Anfahren muss der Geländewagen soweit fahren, bis Sie wieder auf festem Untergrund anhalten können. Jetzt kann sich aber das Fahrzeug schon mehrere Kilometer von der letzten Position entfernt haben. Wenn der Beifahrer zurückgelassen wurde, muss dieser jetzt die schweren Sandbleche den ganzen Weg bis zum Fahrzeug schleppen, ein mühseliges und zeitaufwändiges Geschäft.

TIPP: Am besten und leichtesten kann man die Sandbleche hinten am Auto befestigen, indem man sie z. B. an Abschlepp- oder Bergeöse befestigt und sie bis zum Erreichen eines festen Untergrundes hinter dem Auto her schleift.

Wichtig: Bei dieser Art des Hinterherschleifens ist es wichtig, dass das Seil zur Befestigung der Sandbleche mindesten ca. 5 m lang ist! Sandbleche haben die Angewohnheit, sich ab und an im Untergrund zu verhaken und entsprechend der Fahrgeschwindigkeit hinter dem Geländewagen herzufliegen. Sollte jetzt das Seil zu kurz sein, landet das Sandblech mit Sicherheit in der Heckscheibe!

b)   Sandleitern

Sandleitern sind in der heutigen Zeit fast komplett in Vergessenheit geraten. Der Name Sandleiter kommt von dem optischen Erscheinungsbild, es sind im eigentlichen Sinne auch kurze Leitern. Somit auch eine recht solide Konstruktion mit relativ geringem Gewicht, gute Druckverteilung, mäßige Anpassung an die Geländestruktur. Sie können auch zum Überbrücken von Hindernissen (Spalten, Gräben) genutzt werden und natürlich auch als Leiter. Wie eine Leiter sind auch die Sandleitern extrem sperrig und schlecht im Fahrzeug zu verstauen.

c)   Kurze Anfahrhilfen

Kurze Anfahrhilfen waren vor einigen Jahren einmal groß in Mode, sie haben eine Länge von ca. 30 bis 50cm und sind meistens aus Hartplastik und klappbar. Sie können aufgrund ihrer Kürze nur dort weiterhelfen, wo der Boden eigentlich noch tragfähig genug ist, so dass nur ein kurzes Anfahren notwendig ist, um weiterzukommen.

Kurze Anfahrhilfe, hier aus Kunststoff

Beim Anfahren auf einer kurzen Anfahrhilfe ist jedoch größte Vorsicht geboten. Sollte zu viel Gas gegeben werden, können die Anfahrhilfen hochgeschleudert werden oder entgegengesetzt in den Boden gedrückt werden, wo sie meist aufgrund ihrer Größe nicht mehr zu finden sind.

d) Waffelboard

Waffelboards sind noch nicht sehr lange auf dem deutschen Markt. Gegenüber dem flachen GFK-Sandblech haben die Waffelboards eine Materialstärke von 25 mm, 38 mm oder 50 mm und besitzen eine Gitterrost-Struktur. Sie biegen sich nicht so stark, wie die GFK-Sandbleche und können auch zum Überbrücken von Hindernissen (Spalten, Gräben) genutzt werden. Sie sind schwerer als Alubleche, aber dennoch handlicher. Die Oberfläche ist quarzgesandet. Als maximales Fahrzeuggewicht sind 4,5 Tonnen angegeben (38mm).

TIPP: Erfahrungen aus dem Rallye-Sport haben gezeigt, dass auch die ansonsten recht robusten Waffelbords brechen können: Wenn z.B. das Fahrzeuggewicht unter Einwirkung von dynamischen Kräften das Waffelbord belasten und das Waffelbord auf einem spitzen Stein aufliegt. Hier ist also etwas Vorsicht und Umsichtig beim Einsatz von Waffelbords angesagt!

14) Fahrzeug fällt auf die Seite

Im verwinkelten und zerklüfteten Gelände kann ein Geländewagen bauartbedingt sehr leicht umkippen. Sollte Ihnen dieses Unglück eimal wiederfahren, hilft fogende Vorgehensweise:

➔ Zündung sofort ausschalten!

➔ Zuerst befreien sich die untenliegenden Personen aus den Sicherheitsgurten. Die jetzt Befreiten helfen den noch im Sicherheitsgurt hängenden Mitfahrern durch Anheben der Person den Druck aus den Sicherheitsgurten zu nehmen. Dann können die Sicherheitsgurtschlösser geöffnet werden.

➔ Wichtig ist, nicht auf die möglicherweise noch intakten Scheiben zu treten.

➔ Wenn alle Insassen aus den Sicherheitsgurten befreit sind, kann das auf der Seite liegende Fahrzeug vorsichtig verlassen werden. Ein auf der Seite liegendes Fahrzeug liegt im Allgemeinen sehr instabil. Beim Aussteigen erfordert das eine erhöhte Vorsicht, um den Geländewagen nicht aufzuschaukeln und dadurch umfallen zu lassen.

➔ Auf das Aussteigen durch das Schiebedach sollte in den meisten Fällen verzichtet werden. Da das Schiebedach meistens sehr schmal ist und die Gefahr besteht, dass das ungesicherte Fahrzeug weiterrollt und dann genau auf dem Dach landet!

➔ Die sicherste Art des Auszusteigen ist immer noch die durch die Hecktür! Die Hecktür muss entsprechend zugänglich und frei zum Öffnen sein.

➔ Beim Öffnen der Seitentüren ist das enorme Gewicht der Türen zu bedenken! Wenn von außen keine Hilfe erfolgt, muss die Tür von innen aufgestemmt werden. Derjenige der als erster aussteigt, muss von außen die Tür im geöffneten Zustand festhalten.

➔ Bevor der Letzte aussteigt, sollten noch folgende Handgriffe erledigt werden: Handbremse anziehen und den 1. Gang in der Untersetzung einlegen. Dieses verhindert das unkontrollierte Wegrollen beim Wiederaufrichten.

➔ Die letzte aussteigende Person, sollte ebenso den Feuerlöscher, Verbandskasten und ein Bergeseil oder Gurt nach draußen geben.

➔ Haben alle Mitfahrer das Fahrzeug verlassen, ist die Unfallstelle abzusichern und der Bergegurt oder Seil am höchsten Punkt des Rahmens zu befestigen.

15) Fahrzeug überschlägt sich

Ein Überschlag, egal mit welchem Fahrzeug, ist immer eines der unangenehmsten Erlebnisse überhaupt. Das Hauptproblem bei einem Überschlag ist das unkontrolliert herumfliegende Glas der Seitenscheiben. Das Glas kann zu schweren Schnittverletzungen führen, gerade beim Lösen aus dem Sicherheitsgurt nach dem Überschlag.

Während des Überschlags ist es enorm wichtig, seine Hände und Arme unter Kontrolle zu bekommen. Sie dürfen während des Überschlages nicht durch das offene Fenster gelangen! Bei Rallye-Fahrzeugen sieht man deshalb immer Netze im offenen Fenster, die die Gliedmaße aufhalten sollen. Hat man das Glück, in einem Fahrzeug mit Überrollkäfig und Hosenträgergurten zu sitzen, so umfasst man „über Kreuz" die Hosenträgergurte in Höhe der Brust und wartet den Stillstand des Fahrzeugs ab. Sollte man aber das Pech haben, in einem serienmäßigen Geländewagen zu sitzen, so umfasst man seinen Kopf zum Schutz mit beiden Händen und wartet dann den Stillstand des Fahrzeuges ebenfalls ab.

Was ist nach dem Überschlag zu tun, wenn das Fahrzeug auf dem Dach liegengeblieben ist?

➜ Als erstes ist der Motor auszuschalten, falls dieser noch laufen sollte!

➜ Bei einem unter Spannung stehenden Gurt lässt sich das Gurtschloss nicht öffnen. Deshalb sollte man sich mit beiden Beinen am Armaturenbrett abstützen und kräftig in den Sitz pressen, der Sicherheitsgurt wird dadurch entlastet.

➜ Sollte das nicht klappen, dann hilft nur noch das „Notmesser" zum Aufschneiden des Sicherheitsgurtes. Dieses Notmesser mit Notfallhammer sollte in jedem Geländewagen immer in Reichweite vom Fahrer und Beifahrer angebracht werden.

➜ Als Nächstes mit einem Arm den Kopf schützen und mit der Hand des anderen Arms den Sicherheitsgurt lösen.

➜ Durch leichtes Lösen der Beinspannung aus dem Sitz gleiten und möglichst seitlich abrollen. Doch Vorsicht, auf dem Boden können sich zerbrochene Glas gesammelt haben!

➜ Zum Aussteigen eignet sich in den meisten Fällen auch die Hecktür oder Heckklappe.

➜ Beim Aussteigen den Bergegurt oder Seil, sowie den Feuerlöscher mitnehmen.

➜ Um später nicht wieder ins Auto klettern zu müssen, sollte die Handbremse und der 1. Gang, möglichst in der Untersetzung eingelegt werden. Dieses verhindert das unkontrollierte Wegrollen beim Wiederaufrichten des Geländewagens.

➜ Schließlich sofort die Unfallstelle absichern

16)   Nach dem Umfallen oder Überschlag

Was ist nach dem Umfallen oder Überschlagen mit dem Geländewagen alles zu überprüfen oder zu kontrollieren?

Auch wenn der Motor bei der Havarie reaktionsschnell ausgeschaltet wurde, müssen dennoch folgende Punkte überprüft werden: Der Geländewagen sollte, nachdem er wieder auf seinen Rädern steht, zu einer ebenen Fläche geschoben oder geschleppt werden.

Der Motorraum muss visuell nach ausgelaufenen Flüssigkeiten untersucht werden. Anschließend sind Motoröl, Brems- und Kupplungsflüssigkeiten zu kontrollieren. Auch wenn die Flüssigkeitsstände im Normbereich liegen sollte, muss grundsätzlich der Luftfilter zur genaueren Untersuchung demontiert werden; In ihm darf sich kein Motoröl befinden! Falls doch Motoröl sichtbar sein sollte oder bei der Füllstandskontrolle ein auffällig niedriger Motorölstand gemessen wurde, ist mit hoher Warscheinlichkeit Öl auf die Zylinder gelangt. Gegebenenfalls wäre dann auch der Turbolader betroffen.

Als erstes müssen Sie das Öl von den Zylindern des Motors entfernen. Dafür sind jetzt alle Glühkerzen auszubauen, bzw. bei einem Benzinmotor die Zündkerzen. Am Turbolader sind meistens zwei Schläuche montiert, der davon am tiefsten liegende Schlauch muss demontiert werden. Das im Turbolader vorhandene Öl sollte jetzt ablaufen können, das Auffangen in einem ölresistenten Behälter sollte nicht vergessen werden.

Jetzt das Wichtigste: Der Motor muss manuell von einer Person, ggf. mit Hilfe eines Schraubenschlüssels, zweimal „durchgedreht" werden. Wärend dieser Prozedur sollten vorsichtig die Öffnungen der Zünd- bzw. Glühkerzen beobachtet werden, ob größere Mengen an Öl ausgeworfen werden. Der Vorgang ist ansonsten solange fortzusetzen, bis der Auswurf deutlich weniger wird. Anschließend kann der Motor gestartet werden. Hierbei sind wieder die Öffnungen der Zünd- bzw. Glühkerzen zu beobachten. Es ist zu beachten, dass die Diesel- bzw. Benzinpumpe bei jedem Startversuch auch Kraftstoff in die Brennkammer befördert und somit immer Kraftstoff austritt! Um das Austreten von beim Startversuch zu unterbinden, könnte auch die Sicherung der Kraftstoffpumpe entfernt werden. Ein Startversuch wäre weiterhin möglich.

Nach dem Wiedereinsetzen der Zünd- bzw. Glühkerzen und dem Anschließen der Turboladerschläuche, muss schließlich noch der Motorölstand korrigiert werden. Beim ersten Startversuch kein Gas geben! Der Motor wird anfangs etwas „unrund" laufen und stark rußen. Nach einiger Zeit in Betrieb, wird er sich aber wieder normal verhalten.

Das Anfahren muss mit größter Vorsicht erfolgen! Bei hydraulischen Kupplungssystemen kann Hydraulikflüssigkeit auf die Kupplung gekommen sein, so dass diese „rutscht". Der nächstgelegene Parkplatz oder Weg sollte mit Leerlaufdrehzahl angefahren werden. Von hier das Fahrzeug bergen und zur nächsten Werkstatt bringen lassen. Das komplette Kraftstoff-, Öl- und Kühlsystem sollte einer eingehenden Überprüfung unterzogen werden.

17)   Nach dem Off-Road Einsatz, Fahrzeugkontrolle!

Die abschließende Fahrzeugkontrolle beim Verlassen des Geländes, zählt zu den wichtigsten Dingen im Leben eines Off-Road Fahrers. Denn anschließend geht es wieder auf die Autobahn und dort werden andere Geschwindigkeiten gefahren, als im Gelände. Bei der Abschlusskontrolle ist noch einmal die volle Konzentration gefragt.

➜ Das Wichtigste bei der Kontrolle sind die Reifen: Gibt es erkennbare Einschnitte oder sonstige Beschädigungen, die später zu den gefürchteten Reifenplatzern führen können?

➜ Haben sich Steine im Reifenprofil festgesetzt und müssen entfernt werden?

➜ Ist die Spur- und Lenkstange beschädigt?

➜ Sind die Bremsscheiben und -beläge frei von Verunreinigungen und bremsen sie gleichmäßig? Eventuell durch langes leichtes Bremsen die Bremsscheiben säubern!

➜ Kontrollieren Sie den Unterboden, ob sich dort Äste oder Ähnliches verfangen haben. Beides muss natürlich sofort entfernt werden.

➜ Sind die Kennzeichen und deren Beleuchtung sauber und funktionsfähig?

➜ Ist der Reifendruck wieder den Straßenverhältnissen angepasst?

➜ Sind die Kühler frei von Unrat und die Lamellen sauber?

➜ Verliert das Fahrzeug Flüssigkeiten?

Das Reinigen der Bremsen und Bremsscheiben nicht vergessen

➜ Als Nächstes noch den Ölstand kontrollieren, ist das Öl im Normbereich oder hat es sich „vermehrt". Sollte der Ölstand sich deutlich verändert haben, so muss unbedingt die Ursache gefunden werden. Von einer Weiterfahrt ist ansonsten aus Sicherheitsgründen abzuraten.

➜ Sind die Außenspiegel wieder ausgeklappt und korrekt eingestellt?

➜ Sind die Scheinwerfergläser unbeschädigt, sauber und trocken?

E)   Fahren Off-Road

Seilwindeneinsatz

1)   Welche Seilwinden für meinen Geländewagen?

Über die benötigte Größe und Zugkraft der Seilwinde entscheidet das Fahrzeuggewicht. **Als Faustregel gilt:** Zulässiges Fahrzeuggesamtgewicht mal dem Faktor 1,5 entspricht der benötigten Zugkraft. Beispiel: Ein Fahrzeug hat ein zulässiges Gesamtgewicht von 2,8 Tonnen. Dann gilt: 2,8 x 1,5 = 4,2 Tonnen benötigte Zugkraft der Winde!

Zugkraft = Hubkraft (also senkrechter Hub !)

Warum schon wieder eine Formel? Sollte ein Geländewagen z. B. im Schlamm versunken sein, benötigen wir eine enorm hohe Kraft. Da Schlamm eine sehr niedrige Viskosität (Zähigkeit oder hier Saugvermögen) besitzt, müssen wir den Geländewagen erst „losreißen" und dann mit der Winde weiterziehen.

Ein normal gewichtiger Geländewagen braucht also bereits eine 4,2 Tonnen Winde! Aber wenn es für Ihren Geländewagen nur kleinere Winden gibt ? Dann muss nach Titel 7 verfahren werden, mit einer Umlenkrolle.

2)   Alternativen zur Seilwinde

Die Alternativen zur Seilwinde sollen hier nur der Vollständigkeit halber angesprochen werden. Ihr Einsatz ist eher selten geworden ist und sie spielen eine untergeordnete Rolle. Ausnahmen gibt es nur bei einigen Spezialanwendungen oder Berufsgruppen.

a)   Seil-Spill

Ein Seil-Spill ist eine sich langsam drehende Seiltrommel, meist hydraulisch über einen Nebenantrieb vom Fahrzeugmotor angetrieben. Ein entsprechendes Bergeseil ohne „Dehnung" wird mehrmals um die Seiltrommel gelegt. Durch die Reibung wirkt Kraftübertragung auf das Seil, dass dadurch auf die Seiltrommel aufrollt wird. Ein Seil-Spill ist meistens an der Fahrzeugfront montiert.

b)   Seilzug

Ein Seilzug ist ein Greif- und Zugmechanismus. Der Seilzug wird mittels Handbetrieb über einen Hebel angetrieben. Der Seilzug wird an einen Baum oder Ähnliches befestigt. Anschließend wird das zu bergende Fahrzeug mit einem Stahlseil verbunden, dass in den Seilzug eingeführt wird. Über einen Mechanismus wird jetzt das Seil eingezogen, bis das Fahrzeug befreit ist.

3)   Kunststoff- oder Stahlseil ?

Seile aus Kunststofffasern bringen nur ein Achtel des Gewichts von Stahlseilen auf die Waage, besitzen aber die gleiche Festigkeit! Der Vorteil des Kunststoff seils ist also sein geringes Gewicht, an einer Standardseilwinde kann so ca. 8 bis 12 kg eingespart werden! Da das Kunststoffseil im Allgemeinen einen geringeren Durchmesser hat, kann damit auch ein wesentlich längeres Seil auf die Seilwinde aufgespult werden. Wichtig bei Kunststoffseilen ist, dass sie sich nicht dehnen dürfen! In den Anfängen der ersten Kunststoffseile kam es wiederholt zu folgendem Effekt:

Ein belastetes Seil dehnt sich und sein Durchmesser nahm entsprechend ab. Wurde es unter voller Dehnung aufgewickelt und anschließend wieder entlastet, so ging der Seildurchmesser in seinen Ursprungszustand zurück. Die Folge war, dass das Seil auf der Windenrolle festklemmte. Eine zerstörungslose Entfernung war oft nicht mehr möglich.

Das klassische Stahlseil hat aufgrund seines sehr hohen Gewichtes fast ausgedient. Jedoch hat es auch heute noch seine Vorteile, es lässt sich weltweit immer Ersatz für ein zerstörtes oder beschädigtes Seil finden. Außerdem ist es gegen UV-Licht resistent, was gerade in heißen Regionen unserer Erde eine wichtige Eigenschaft sein kann.

4)   Befestigung der Seilwinde am Geländewagen

Vorzugsweise sollten typenspezifische Montagesysteme verwendet werden. Diese werden von den Windenhändlern angeboten. Eigenbauten müssen immer auf die Zugkraft der Seilwinde ausgelegt sein. Aufwendig bei den Eigenbauten kann der Nachweis der Standfestigkeit des Systems werden.

Beim Aufbau-System sitzt die Winde sichtbar auf oder in gleicher Höhe mit der Originalstoßstange. Sie wird mit einem Anbausatz direkt am Rahmen befestigt. Für die TÜV-Abnahme sind Abdeckhauben für Winde und Rollenseilfenster vorgeschrieben. Dieses System sitzt auf einer betriebsfreundlichen Höhe und erlaubt ein leichteres Arbeiten im Vergleich zum Unterbausystem.

Aufbauseilwinde mit Kunststoffseil

Bei Unterbausystemen sitzt die Winde fast unsichtbar unter der Stoßstange. Auch hier wird die Winde, mit einem fahrzeugspezifischen Anbausatz, direkt am Rahmen befestigt. Für die TÜV-Abnahme sind Abdeckhauben für Winde und Rollenseilfenster nicht grundsätzlich vorgeschrieben, es hängt vom Anbausatz ab.

Für die meisten Geländewagen werden beide Systeme angeboten, teilweise bereits ab Werk oder über Ihren Händler.

5)   Der Baumgurt

Der sogenannte Baumgurt soll das Seil und den Baum vor Beschädigungen schützen. Schlingt man das Windenseil direkt um einen Baum oder einen anderen Gegenstand, so verringert sich die Seillänge um die Schlingengröße. Dieser Längenverlust kann zum Bergen nachher fehlen. Diese Bergemethode hat zwei wesentliche Nachteile: Einerseits kann die Baumrinde durch das dünne Bergeseil beschädigt werden, anderseits wird das Bergeseil selbst durch das Einhaken des Windenseilhakens mechanisch stark beansprucht.

Baumgurt soll das Seil und den Baum vor Beschädigungen schützen

Diese punktmäßige Belastung des Seiles im Bereich des Hakens kann das Seil erheblich verbiegen und beschädigen. Diese Beschädigungen kann man vermeiden, wenn ein Baumgurt verwendet wird. Der Baumgurt gehört zum wichtigsten Zubehör einer Seilwinde!

6) Der normale Windeneinsatz

Der typische Einsatz im Gelände: Das Fahrzeug ist festgefahren und muss mit der Seilwinde geborgen werden. Jetzt empfiehlt sich folgender Ablauf:

a) Wählen Sie einen Anschlagpunkt in Fahrzeugnähe, der möglichst in Zugrichtung der Winde liegt. Meistens wird hierfür ein Baum, Fels oder ein anderes Auto benutzt.

Stabiler Anschlagspunkt und Windenseil durch Bergegurte gesichert

111

b) Das Bergeseil sollte nur an Bergeösen oder Ähnliches am Fahrzeug befestigt werden, die für mindestens das 3-fache des zulässigen Fahrzeuggesamtgewichts ausgelegt sind (siehe Kapitel D, Titel 10).

c) Steuern Sie das bergende Fahrzeug, muss Ihr Geländewagen mit einem Gurt gegen ein Abrutschen in Richtung des zu bergenden Geländewagens gesichert werden. Der Gurt wird um einen in der Nähe Ihres Fahrzeughecks befindlichen Baum oder Fels geschlungen und anschließend am Fahrzeug befestigt.

d) Schalten Sie die Winde auf „Freilauf" und befestigen Sie einen kurzen Verzurrgurt mit Griffschlaufe am Seilhaken, dieser erleichtert das Herausziehen des Seiles von der Seilwindentrommel.

e) Handschuhe anziehen und den Baumgurt am gewählten Anschlagpunkt befestigen! Der Baumgurt sollte möglichst tief angebracht sein. Beide Gurtenden mit dem Schäkel verbinden.

f) Das Windenseil in den Schäkel des Baumgurtes einhängen. Auf der Seilwinde sollten immer 5 Windungen Seil verbleiben! Ohne diese Reserve besteht die Gefahr, dass das Seil aus der Seilwindentrommel herausreißt.

g) Den Freilauf der Winde abschalten und die Fernbedienung anschließen; Seil leicht spannen!

h) Achten Sie darauf, dass sich niemand im Gefahrenbereich befindet ! Der Gefahrenbereich schließt auch den Bereich hinter dem zu bergenden Fahrzeug ein!

i) Bei extremer Seilspannung ist die Motorhaube als Schutz hochzuklappen; Jacke oder Decke sind immer auf das Seil zu legen, um die Gefahr des Peitscheneffektes zu minimieren!

Peitscheneffekt minimiert, hier mit Hilfe einer Fußmatte

j) Setzen Sie sich mit der Fernbedienung an das Steuer und lassen Sie den Motor während des Seilbetriebes laufen, denn die Batterie wird sehr stark beansprucht.

k) Wird jetzt das Windenseil eingezogen, sollten Sie die Bergeaktion mit dem Fahrzeug unterstützen, lassen Sie den Geländewagen im 1. untersetzten Gang mitfahren.

l) Legen Sie jede Minute eine Pause ein, um den Windenmotor und die Fahrzeugbatterie zu schonen. Ein durchgebrannter Seilwindenmotor bedeutet das sofortige Ende der Bergeaktion! Als sehr hilfreich hat sich das Abkühlen des Windenmotors mit Wasser gezeigt. Einfach Wasser über den heißen Elektromotor gießen, keine Angst der Motor ist wasserdicht!

m) Wenn das Fahrzeug wieder Vortrieb hat, Motor laufenlassen und die Seilwinde unter Last, von Hand wieder aufspulen.

7)   Einsatz mit Umlenkrolle

Zum Schonen des Windenseils, vor allem aber zum Schutz der Seilwinde vor Überlastung ist der Einsatz einer Umlenkrolle immer ein muss. Auch zum sicheren Bergen von Fahrzeugen oder zum Wegziehen von behindernden Gegenständen, kann eine Umlenkrolle gute Dienste leisten.

Die Umlenkrolle verdoppelt die Zugkraft der Seilwinde, wenn das Seil in Richtung des Zugfahrzeuges zurückläuft. Aber befestigen Sie den Seilhaken nicht an der Windenhalterung, sondern am Abschlepphaken. Die Windenhalterung müsste ansonsten das Doppelte der normalen Zugkraft aufnehmen!

8)   Aufrollen des Seiles

Entspannen Sie das Seil und lösen es vom Anschlagpunkt, Handschuhe anziehen und das Windenseil gleichmäßig aufrollen. Lassen Sie das Seil nicht durch die Handschuhe rutschen, greifen Sie lieber um. Das Windenseil kann kleinere Beschädigungen (Fleischhaken) aufweisen, die sofort zu sehr schmerzhaften Verletzungen an den Händen führen können.

Griffschlaufe am Seilhaken, dieser erleichtert das Arbeiten am Seil!

Das Windenseil immer ordentlich und unter Spannung aufrollen, wenn möglich gleichzeitig reinigen und ölen! Das Windenseil wärend des Einrollens auf Bruch- und Quetschstellen untersuchen, defekte Seile müssen austauscht werden!

TIPP: Wenn nicht vorhanden: Befestigen Sie eine „Griffschlaufe" am Seilhaken. So verhindern Sie Verletzungen und Quetschungen beim aufrollen vom Windenseil!

9)   Tricks und Kniffe

a)   Auf der Seilwinde müssen immer 5 Windungen verbleiben, kleben Sie diese mit Panzerband fest und markieren sie diese Position auf dem ablaufenden Seil deutlich!

b)   Führen Sie mindestens 2-3 Seilklemmen in passender Größe mit. Falls der Haken abreißt, können Sie vor Ort reparieren. Die Seilklemmen immer versetzt anordnen!!

c)   Starthilfekabel sind immer gute Helfer in der Not. Ebenso destilliertes Wasser, falls die Batterie doch einmal schlapp macht.

d)   Schäkel nie ganz fest zudrehen, lieber eine halbe Umdrehung zurück, dann geht´s ohne Zange auch wieder auf.

e)   Das Windenseil nie zum Abschleppen des eigenen Geländewagens benutzen!

f)   Raue Gummihandschuhe sind in Schlamm und Wasser nicht so schlüpfrig wie Lederhandschuhe. Deshalb immer zwei paar Handschuhe mitnehmen.

g)   Ein klappbarer Bootsanker eignet sich z. B. als Anschlagpunkt, wenn dieser tief genug eingegraben wird oder wenn der Anker sich selbst in die Tiefe zieht. Eine effektive Methode, wenn kein Baum oder Ähnliches in der Nähe ist.

h)   Was ist zu tun, wenn man sich mitten in der Sahara eingegraben hat und gerade keine Palme oder Ähnliches in der Nähe ist? In dieser Situation hilft nur ein Bodenanker. Als Bodenanker bietet sich das Reserverad an. Das stehende Reserverad wird in einer entsprechend tiefen Grube eingegraben. Das Bergeseil wird durch die Radnabenöffnung der Felge geführt und stabil an der Felge befestigt (z.B. mit Hilfe eines Radkreuzes). Anschließend wird die Grube wieder aufgefüllt. Es ist eine zeitaufwendige, aber effektive Methode!

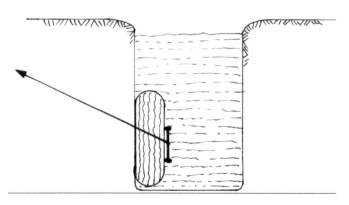

Reserverad als „Bodenanker"

i)   Bei seitlichem Ziehen, die Vorderräder in Zugrichtung einschlagen! Der Reifen kann sonst von der Felge gedrückt werden oder das Fahrwerk kann beschädigt werden.

j)   Nach Tauchfahrten sind alle Funktionen der Seilwinde zu überprüfen, denn korrodierte Relais und Rost sind die Hauptursachen von Defekten an der Seilwinde.

k)   Die Steckverbindungen der Fernbedienung gelegentlich mit Kontaktspray besprühen.

F)   Fahren Off-Road

Wüste, spezielles zur Fahrt in der Sahara

1)   Was erwarten uns in der Wüste für Oberflächen?

Die Sahara ist größtenteils (70% der Gesamtfläche) eine Steinwüste oder Felswüste (Hammada), oder auch Kies- beziehungsweise Geröllwüste (Serir); die Sandwüste (Erg) macht entgegen der landläufigen Meinung mit ca. 20% nur einen geringen Teil der Sahara aus.

Auf dem Weg zum Sand befahren Sie also unterschiedliche Oberflächen, die in den nachfolgenden Titeln speziell betrachtet werden. Wichtig zu wissen ist die Tatsache, dass unabhängig von der gewählten Fahrtstrecke grundsätzlich mit extrem spitzen Steinen zu rechnen ist. Bei der kleinsten Unachtsamkeit können diese sofort die Reifen zerschneiden.

Deshalb ist eine Sahara-Tour nur mit stabilen Reifen (z.B. ATs oder MTs) zu empfehlen.

Normale Straßenreifen sind nicht für die Wüste geeignet!

TIPP: Auf sehr staubigen Pisten sollten alle Fenster geschlossen sein, auch wenn es bei den Temperaturen schwer fällt. Denn auch ein nur leicht geöffnetes Fenster erzeugt im Wageninneren einen Unterdruck, der den Staub der Piste direkt ansaugt. Das Ergebnis der „Staubsauger"-Funktion ist bereits nach einigen Stunden zu sehen, eine dicke Staubschicht bedeckt den gesamten Innenraum.

2) Die Sonnenbrille

Immer ein wenig unterschätzt wird die Bedeutung der Sonnenbrille in der Sahara. Sie ist besonders wichtig in der Wüste und überall dort, wo bei starker Sonneneinstrahlung gefahren wird.

Die Sonnenbrille ist in entscheidender Weise durch Ihre Tönung für den Farbeindruck und das Sehen der Kontraste, wie z.b. in den Dünen, verantwortlich! Für Autofahrer sind Sonnenbrillen mit braun oder grau getönten Gläsern empfehlenswert. Als besonders empfehlenswert, auch für den alltäglichen Gebrauch im Straßenverkehr, haben sich Sonnenbrillen mit einer gelblichen Tönung erwiesen: Diese Tönung verstärkt die Kontraste, so dass z.b. Verkehrszeichen deutlicher erscheinen. Alle anderen Einfärbungen wie z.b. blaue, rote oder grüne sollten nicht im Straßenverkehr benutzt werden!

TIPP: Wer seine Sonnenbrille einmal testen möchte, sollte im Auto bei Sonneneinstrahlung versuchen, dass Navigationsgerät abzulesen. Bereitet es Schwierigkeiten, sollten Sie über eine andere Tönung nachdenken.

3) Klimaanlage überhaupt und besonders in der Wüste sinnvoll?

Wer der Meinung ist, dass gerade in der großen Hitze Afrikas die Klimaanlage unentbehrlich ist, wird jetzt wohl enttäuscht werden. Oft wird die Klimaanlage wegen der ungewohnt hohen Umgebungstemperaturen viel zu kühl eingestellt, so dass sich viele Wüstenfahrer schon nach wenigen Tagen erkälten. Da bei einer Fahrt „Off-Road" durch die Wüste häufiger zwecks Pausen oder zur Wegfindung angehalten werden muss, bedeutet das Aussteigen jedes Mal einen Temperaturschock für den menschlichen Körper.

Eine Klimaanlage muss in der Wüste Schwerstarbeit leisten. Diese Arbeit kann den Kraftstoffverbrauch bei einem durchschnittlichen Dieselmotor um bis zu 30% erhöhen! Die Mindestreichweite in der Wüste sollte immer 1.000 km liegen, jeder Mehrverbrauch verringert die Reichweite des Geländewagens.

TIPP: In der Wüste die Klimaanlage immer dann ausschalten, wenn eine große Reichweite gefordert ist oder häufig angehalten werden muss. Sie schonen Ihre Gesundheit und senken den Dieselverbrauch erheblich.

Es gibt auch hier eine Ausnahme von der Regel, wenn z.B. das Fahrzeug in der Wüste für einen Krankentransport genutzt wird. In diesem Falle besitzt natürlich das Wohlbefinden des Kranken Priorotät und die Klimaanlage sollte aktiviert sein.

Hat sich der Krankentransport „festgefahren", sollte der Fahrer (wenn Möglich) nicht aussteigen! Die Temperatur und Luftfeuchtigkeit im Fahrzeug wird beim Öffnen der Tür schlagartig ansteigen und könnte beim Erkrankten Kreislaufprobleme auslösen. Aus diesem Grunde sollten im Konvoi Mitfahrer aus den anderen Fahrzeugen den Festgefahrenen helfen und befreien.

Wer jetzt der Ansicht ist, eine Klimaanlage sei damit generell überflüssig, muss sich auch dieses mal eines Besseren belehren lassen: Wenn längere Strecken auf befestigten Straßen zu überbrücken sind, kann die Klimaanlage die Kondition und Konzentration der Fahrzeuginsassen erheblich verbessern.

Laut einer Studie eines Automobil Clubs, hat das Fahren im Hochsommer ohne Klimaanlage bei einer Innenraumtemperatur bereits ab 27°C die gleichen Auswirkungen, wie das Fahren unter Alkoholeinfluss. Je höher die Fahrzeuginnentemperatur, desto höher der imaginäre Alkoholpegel! An dieses sollten Sie immer denken, wenn Sie im Hochsommer ohne Klimaanlage eine längere Strecke zurücklegen wollen!

-> Für die Bedienung der Klimaanlage sollten folgende Regeln eingehalten werden:

1) Halten Sie beim Betrieb der Klimaanlage Fenster und Schiebedach geschlossen.

2) Bei hohen Außentemperaturen sollten Sie die Umluftschaltung einstellen, da dies den Wirkungsgrad der Klimaanlage durch das Wiederverwenden der bereits abgekühlten Luft erhöht, nach kurzer Zeit jedoch wieder auf Frischluftzufuhr umschalten, damit die Innenraumluft und damit der Sauerstoffanteil erneuert werden kann.

3) Stellen Sie das Gebläse auf mittlere Stufe. Ein stark eingestelltes Gebläse bringt nicht mehr Kühlung, da die Luft dann zu wenig Zeit hat sich am Verdampfer abzukühlen.

4) Luftdüsen möglichst nach oben richten, denn dann sinkt die kalte Luft nach unten und mischt sich so mit der warmen Luft.

5) Die ideale Innentemperatur liegt bei 20°C bis 23°C, möglichst nicht kälter, da bei Temperaturen unterhalb 18° C die Erkältungsgefahr besonders groß ist!

6) Schalten Sie bereits deutlich vor Fahrtende die Klimaanlage aus und regeln Sie langsam auf die Außentemperatur ein. So kann das Kondenswasser im Heizungskasten durch Luftzirkulation trocknen. Auch „muffige" Luft aus der

Klimaanlage, hervorgerufen durch Feuchtigkeitsablagerungen im Verdampfer, lässt sich so vermeiden.

7) Bei tiefen Außentemperaturen (z.B. im Winter) oder hoher Luftfeuchtigkeit (z.B. bei Regen), kann das Beschlagen der Scheiben durch das Einschalten der Klimaanlage verhindert werden. Sie sollten dabei aber nicht den Umluftbetrieb wählen, damit die aufgenommene Luftfeuchtigkeit schnell nach außen transportiert werden kann. So vermeiden Sie das Beschlagen der Scheiben.

4)   Der Wechsel zur 1,6er Fraktion

Was ist eine „1,6er Fraktion"? Haben Sie diesen Begriff im Zusammenhang mit der Sahara noch nie gehört?

Als die 1,6er Fraktion werden die Sahara-Fahrer genannt, die gleich nach Verlassen der Fähre noch im nordafrikanischen Hafen den Luftdruck der Reifen auf 1,6 bar (an kalten Reifen) verringern. Durch das Fahren in der großen Hitze, auf den heißen Straßen kann der Luftdruck der Reifen bis zu 1 bar ansteigen!

Im nordafrikanischen Hafen ist immer Zeit, den Luftdruck der Reifen zu verringern

Wenn Sie jetzt noch mit dem ursprünglichen Luftdruck vom europäischen Festland fahren würden, könnte sich ein schwammiges Fahrverhalten einstellen. Die Reifen wären derart prall aufgefüllt, dass nur noch ein schmaler Bereich in der Reifenmitte Fahrbahnkontakt hätte. Das würde sich insbesondere bei Kurvenfahrten bemerkbar machen, die Reifen „heulen und quietschen", unabhängig von der gefahrenen Geschwindigkeit, wie bei einem Formel-1 Rennen.

TIPP: Wechseln sie zur 1,6er Fraktion und das bereits im Hafen von Nordafrika!

5) *Wann welcher Luftdruck?*

Im Gelände kommt es auf den richtigen Reifendruck an! Gerade abseits aller Asphaltstraßen erfordern unterschiedliche Fahrbahnoberflächen auch unterschiedliche Luftdrücke.

Aber wie sieht es mit einer „Faustformel" für unterschiedliches Gelände aus? Hier die Erfahrungswerte des Autors, ausgehend vom vorgeschriebenen Luftdruck:

Schotter /Fels	- 20 %
Sanddünen	-40% bis -70% (nicht unter 1,0 bar)
Sandpiste	-30%
Salzsee	-20% bis -35% (nicht unter 1,6 bar)
Schlamm	-30% bis -40% (nicht unter 1,4 bar)
Wellblechbiste	-20%

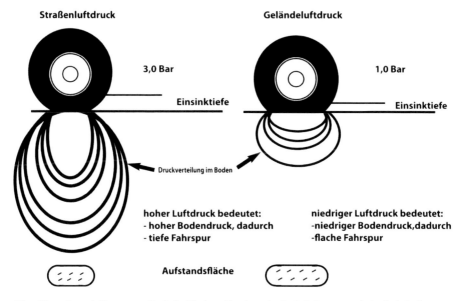

Die Druckverteilungs „Zwiebel" im Boden bei 3,0 bar und bei 1,0 bar Reifeninnendruck, abhängig vom Fahrzeuggewicht

<u>TIPP:</u> Die von den Herstellern vorgeschriebenen Luftdrücke beziehen sich, wenn nichts anderes vorgegeben ist, auf die maximale Tragfähigkeit bei einer Geschwindigkeit bis 160 km/h!

Pro 10 km/h über die 160 km/h muss der Luftdruck um 0,1 bar angehoben werden!

6)   *Die Steinpiste, die Hammada*

Die Fahrtechnik ist einfach:

➜   Nur so schnell fahren, dass das Fahrzeug nicht beschädigt werden kann!
➜   Auf einen großen Abstand zu dem vorausfahrenden Fahrzeug achten, Steinschlaggefahr ! Die Schmutzfänger sind herunterzuklappen!

Auf den Pisten sind jede Menge Querrillen, Längsrillen, Buckel und Löcher in jeder Qualität und Größe.

Schnell zu übersehen, Querrillen

Wenn Ihr Fahrzeug mit ESP ausgerüststet ist, lassen Sie das System eingeschaltet! Beim schnellen Ausweichen vor spitzen Steinen oder tiefen Löchern, kann es schnell passieren, dass der schwere Geländewagen ins schlingern oder Schleudern kommt. Hier kann das ESP Schlimmeres verhindern.

Über Querrinnen sollten Sie niemals mit beiden Rädern gleichzeitig fahren, sondern immer diagonal, d. h. jedes Rad sollte einzeln durch die Querrinne laufen. Am einfachsten gelingt dieses durchs „Zick-Zack" Fahren.

Eine Beschädigung der Reifen und Felgen oder gar das Steckenbleiben wird so vermieden.

➜   Erhöhen Sie den Reifendruck, wenn Sie langsam fahren!

Hoher Luftdruck vermindert das Risiko, dass ein spitzer Stein in den Reifen eindringen kann! Dieses kann aber nur eine Empfehlung für langsame Geschwindigkeiten auf der Steinpiste sein!

➜   Verringern Sie den Reifendruck, wenn Sie schneller fahren!

Ein geringerer Luftdruck von ca. 1,6 bar erhöht den Fahrkomfort, da der Reifen „mitfedert" und es kann eine höhere Geschwindigkeit auf Pisten gefahren werden. Es besteht allerdings die Gefahr, dass ein spitzer Stein schneller in den Reifen eindringen kann.

TIPP: Die Temperatur der Stoßdämpfer sinkt deutlich, wenn der Reifendruck um nur 0,1 bar gesenkt wird, dieses reduziert die Stoßdämpfertemperatur um ca. 10°C! Die Stoßdämpfer werden weniger stark mechanisch und thermisch beansprucht und ihre dämpfenden Eigenschaften bleiben länger erhalten. Dieses gilt für Öldruckstoßdämpfer ebenso wie für Gasdruckstoßdämpfer.

➔ **TIPP für Off-Road Profis:** Im „Zick Zack" (Schlangenlinien) fahren.

Um eine höhere Geschwindigkeit auf Steinpisten zu erlangen, ist ein Fahren in Schlangenlinien unerlässlich. Dabei ist zu beachten, dass z. B. bei einer links zu durchfahrenden Kurve auch die linke Seite des Fahrzeugs entlastet wird. Das bedeutet, dass das tiefste Schlagloch in diesem Fall auch mit der linken Seite durchfahren werden sollte!

Diese Art des schnellen Fahrens braucht sehr viel Übung, ein gutes Auge und einen guten „Popo-Meter".

Dieses ist eigentlich nur für Rallyewertungsetappen wichtig, kann aber auch bei einer Urlaubsfahrt Material und Insassen schonen.

Auf Buckelpisten kann nicht immer mit größter Vorsicht gefahren werden. Unzureichend befestigte Dinge im und am Auto können sich dadurch „lose rütteln" und nach kurzer Zeit umherfliegen. Diese Tendenz zum Loserütteln hat teilweise solche Auswirkungen, dass sich ganze Kotflügel lösen. Nach Buckelpisten sollte man sich besonders das Fahrwerk genauer ansehen und alle wichtigen Schraubverbindung überprüfen.

TIPP: Eine kleine Markierung, die oben auf dem Lenkrad zur besseren Orientierung die Geradeausstellung anzeigt, ist gerade auf schnell gefahrenen und unübersichtlichen Pisten von großem Nutzen.

7)   *Die Sandpiste*

Das Befahren von Sandpisten ist aufgrund des meist weichen Sandes angenehm:

Die Fahrtechnik:

➔   Nur so schnell fahren, dass das Fahrzeug nicht ins Schlingern kommt (Spurrinnen)!
➔   Fahren Sie nach Möglichkeit neben der Spur des Vorausfahrenden!

➔ Wenn Sie im Sand anfahren müssen, nutzen Sie Ihre verdichtete Fahrspur und setzen ca. 3 bis 4 Meter zurück um dann anzufahren.

➔ Gerade im weichen Sand sollte immer mit höherer Geschwindigkeit Gefahren werden, um nicht einzusinken. Die Geschwindigkeit ist immer von der Tragfähigkeit des Sandes abhängig, je weicher der Sand, desto höher die Geschwindigkeit.

Wenn Ihr Fahrzeug mit ESP ausgerüststet ist, schalten Sie das System jetzt aus! Beim Fahren auf den Sandpisten kann es schnell passieren, dass das ESP System bereits bei leichten Steigungen ein durchdrehendes Rad abbremst und die Kraft somit zum gegenüberliegendem Rad übertragen wird. Das gegenüberliegende Rad bekommt aufgrund der Mehrleistung ebenfalls Schlupf, es dreht durch, daraufhin wird es vom System abgebremst. Stellt der Bordcomputer aufgrund des Schlupfes jetzt fest, dass der Geländewagen am Schleudern ist, so wird jetzt auch die Motorleistung reduziert und der Vortrieb beendet. Der Geländewagen hat sich dank der Elektronik festgefahren. Deshalb im tiefen Sand das ESP ausschalten!

Falls das ganze Umfeld der Piste zerfahren und alle Spuren zu tief sind, fahren Sie weit ausholend im „Zick-Zack-Kurs", also von rechts nach links und wieder zurück im spitzen Winkel über diese Spuren. Nutzen Sie die komplette Breite der Piste aus!

Wenn die „Hauptfahrspur" schon rinnenartig ausgefahren ist, nutzen Sie die festen Außenbereiche der Nebenspuren auf beiden Seiten der Piste. Manche Pisten sind allerdings etliche Kilometer breit! Wenn die Piste außen gefahren wird, können sich vereinzelt Steine im Sand verstecken. Hier heißt es, mit größter Aufmerksamkeit zu fahren! Eine Kollision bei einer hohen Geschwindigkeit kann böse Folgen haben.

Beim Durchfahren einer Sandpistenkurve ist, gerade bei hohen Geschwindigkeiten, folgendes zu beachten: Vor der Kurve vom Gas gehen und in der Kurve wieder Gas geben!

Aufgrund des weichen Sandes werden die Vorderräder ansonsten zum Kurvenaußenrand schieben, so wie dieses auch auf einer Eisfläche passieren würde. Wird jedoch kurz vor der Kurve vom Gas gegangen, verlagert sich der Schwerpunkt des Fahrzeugs nach vorn und die Reifen bilden eine Fahrrinne. Wenn jetzt wieder Gas gegeben wird, kann man diese Rinne nutzen und der Geländewagen folgt den eingeschlagenen Vorderrädern fast wie auf Schienen.

Im weichen Sand nicht schalten!

Wichtig:

Auf manchen Pisten in Sandgebieten werden die Spuren stellenweise undeutlich oder verschwinden ganz. Das bedeutet, dass der Sand weicher und weniger tragfähig wird. Legen Sie rechtzeitig einen niedrigeren Gang ein, so dass Sie nicht im weichen Sand schalten müssen, ein sofortiges Steckenbleiben würde sonst die Folge sein. Es sei denn, sie haben einen Geländewagen mit Automatikgetriebe, das Automatikgetriebe bleibt auch beim Schalten kraftschlüssig. Beim Schaltgetriebe wiederum, fahren Sie dann mit erhöhter Drehzahl (knapp über dem max. Drehmoment) durch das Sandfeld. Reduzieren Sie auf Sandpisten den Reifendruck. Fahren Sie mit Allradantrieb, die Belastung des Antriebstrangs und Fahrzeugs wird kleiner!

TIPP für Off-Road Profis: Wer auf einer verwehten Sandpiste mit hoher Geschwindigkeit fahren will oder muss (Rallye), der sollte das „Pike-Hacke-Fahren" beherrschen! Mit der Hacke (Ferse) wird voll gebremst, mit der Pike (Fußspitze) gleichzeitig Gas gegeben, dabei mit dem linken Fuß auskuppeln.

„Verwehte" Sandpiste

Vorteil: Das Fahrzeug wird abgebremst, Motor und Drehzahl bleiben im Bereich des maximalen Drehmomentes! Durch die Vollbremsung schiebt sich ein Bremskeil aus Sand vor den Rädern auf, welcher als Auffahrrampe bei den Verwehungen genutzt werden kann. Auf diese Weise kann die Sandverwehung mit einer deutlich höheren Geschwindigkeit überfahren werden. Um über die Sandverwehung zu fahren, geht man von der Bremse runter und lässt die Kupplung möglichst schnell kommen. Mit der idealen Drehzahl kann man so auch auf weichem Sand mit hohen Verwehungen eine sehr hohe Geschwindigkeit erreichen. Mit dieser Fahrweise können Sie sich aber auch sehr schnell die Kupplung ruinieren, es erfordert daher sehr viel Übung und Fahrgefühl!

TIPP: Das Lenkrad auf der Sandpiste nicht zu fest in der Hand halten, sonst kann es vorkommen, dass die Vorderräder in einer Sandrinne stark eingeschlagen sind, ohne dass der Fahrer es bemerkt (Lenkrad steht „gerade"). Wird die Sandrinne jetzt flacher, schießt der Geländewagen aus dieser Spurrinne heraus und kann gegen ein seitliches Hindernis fahren. Wird das Lenkrad jedoch nicht zu fest gehalten, richten sich die Vorderräder in der Rinne geradeaus aus (Fahren wie auf Schienen), der Fahrer ist über den Stand der Vorderräder informiert.

8)   Wellblechpiste oder Waschbrettpiste

Auf vielen Sandpisten haben sich kleine Sandwälle gebildet, die sich in der Form eines Waschbrettes oder Wellbleches ausgebildet haben. Diese Sandpisten sind durch Wind und den Schlupf von Rädern, vielfach auch von LKWs, im Laufe von Jahren entstanden. Die kleinen Sandwälle haben, je nach Piste, unterschiedliche Abstände und Höhen. Dieses macht das Befahren von Wellblechpisten nicht nur unangenehm, sondern auch sehr risikoreich.

Es gibt zwei Möglichkeiten diese teilweise kilometerlangen Wellblechpisten zu befahren. Zum Ersten: man steigert das Tempo, bis das Fahrzeug nur noch von Wellengipfel zu Wellengipfel fliegt. Allerdings sind bis zum Erreichen der optimalen Geschwindigkeit (60 bis 90 km/h) die Erschütterungen im Fahrzeug teilweise so enorm, dass der Versuch meisten schon vorher abgebrochen wird. Diese Geschwindigkeit ist von vielen Faktoren abhängig, wie z.B. Fahrzeuggewicht, Radstand, Reifenluftdruck, Höhe der Wellengipfel und deren Abstand. Das bedeutet, dass jedes Fahrzeug einer Geländewagenkolonne mit einer anderen Geschwindigkeit fahren muss! Eine Gefahr beim Erreichen der optimalen Geschwindigkeit ist der geringe Bodenkontakt, der sich nur auf die Wellengipfel beschränkt. Dadurch wird der Bremsweg deutlich länger und in Kurven schießt der Geländewagen geradeaus weiter.

Im Verlauf einer Piste kommen relativ häufig vom Wasser ausgewaschene Querrinnen vor. Hier passiert es immer wieder, dass der Bremsweg bei hohem Tempo nicht ausreicht und das Fahrzeug beim Einschlagen in eine der tieferen Querrinnen Schaden nimmt.

Waschbrettbiste wechselt auf verwehte Sandpiste

Die Zweite und sicherste daher auch am meisten gewählte, aber auch langsamste und nervenaufreibenste Methode ist, auf Wellblechpisten mit geringer Geschwindigkeit von ca. 20-25 km/h zu fahren und jede Welle „abzureiten". Der Vorteil ist, dass eine Kolonne aus mehreren Geländewagen so mit gleicher Geschwindigkeit fahren kann, und so zusammen bleibt.

TIPP: Wenn auf einer Wellblechpiste mit höherer Geschwindigkeit gefahren werden soll, muss der Reifenluftdruck um ca. 20% gesenkt werden. Die Reifen können dann besser „mitfedern" und die Temperatur der Stoßdämpfer steigt nicht so schnell in den kritischen Bereich an! Nach dem Durchfahren einer Wellblech-Etappe sind alle wichtigen Schrauben wie z.B. Radschrauben auf festen Sitz zu überprüfen!

9)   Die Sandwüste

Auch hier gilt: Das Befahren von Sandwüsten ist aufgrund des meist weichen Sandes angenehm.

Die Fahrtechnik:

➔ Nur so schnell fahren, dass das Fahrzeug nicht an Geschwindigkeit verliert!
➔ Fahren Sie nach Möglichkeit neben der Spur des Vorausfahrenden!
➔ Auch hier gilt siehe Titel 7, das ESP ausschalten!

Sand ist besonders sanft zu den Fahrzeugen, bei Fahrfehlern wird das Fahrzeug nicht beschädigt, sondern sandet lediglich ein.

Bei Fahrfehlern sandet das Fahrzeug lediglich ein und wird nicht beschädigt

Wichtig: Auf Sand reduzieren Sie den Reifendruck grundsätzlich, dadurch vergrößert sich die Auflagefläche des Reifens und senkt somit den **Bodendruck²** erheblich. Um wie viel Sie die Luft ablassen müssen, hängt von vielen Faktoren ab, z. B. Fahrzeuggewicht, Bereifung (MT oder AT) und Beschaffenheit des Sandes oder auch Schlamm. Fahren Sie grundsätzlich mit Allradantrieb, die Belastung des Fahrzeugs wird dadurch kleiner!

Bedenken Sie: Bei einem Luftdruck um 1 bar darf nicht mehr vollgebremst oder vollbeschleunigt werden und es dürfen keine enge Kurven gefahren werden. Der Reifen würde sonst unweigerlich von der Felge gedrückt!

Nach Verlassen des Sandgebietes pumpen Sie sofort Ihre Reifen wieder auf.

Regeln in Sand und Dünen:

- Gehen Sie mit dem Gaspedal gefühlvoll um. Fahren Sie wie auf Glatteis.
- Legen Sie frühzeitig die Untersetzung und Sperren (Mitteldifferenzial und Hinterachssperre) ein.
- Schalten Sie nicht dort in den niedrigeren Gang, wo der Wagen bei einer Zugkraftunterbrechung (Kuppeln) nicht genügend Schwung hat, noch einige Meter zu rollen.
- Wenn Sie es versäumt haben, den niedrigeren Gang einzulegen, dann fahren Sie solange weiter, wie der Motor noch zieht.
- Bei Gefahr des Einsandens: Machen Sie mit dem Lenkrad schnelle, aber kurze Bewegungen nach links und rechts, so dass sich der Wagen in leichten **Schlangenlinien**[3] bewegt.
- Wenn die vorherige Methode erfolglos war, und der Motor anfängt zu „ruckeln", sollten Sie sofort, noch vor dem Einsanden, auskuppeln. Keinesfalls Bremsen, das vertieft die Spur!
- Sollten Sie stecken geblieben sein, versuchen Sie in der eigenen, nun verdichteten Spur, wieder rückwärts auf festeren Sand zu kommen. Achten Sie darauf, dass Ihre Räder gerade stehen! Bedenken Sie: Meistens haben Sie nur einen Versuch!
- Wenn es durch Anschieben nicht gelingt, das Fahrzeug wieder in Schwung zu bringen, legen sie lieber gleich die Sandbleche
- Vermeiden Sie durchdrehende Räder im Sand, diese bringen Sie nur dem Erdmittelpunkt näher, aber nicht vorwärts.

Hinweis: Bodendruck[2]

Motorleistung alleine garantiert nicht das Durchkommen im schwierigen Gelände!

Der Motor muss die Leistung über die Reifen auf den meist weichen Boden übertragen.

Beim Fahren im Sand hat z. B. ein 7,50–R16 Reifen eine Berührungsfläche von ca. 375 cm² (ca. 25cm x 15cm) pro Reifen, also insgesamt 1500 cm² pro Fahrzeug. Auf diese Fläche drückt das gesamte Gewicht des Fahrzeugs. Bei einem Land-Rover 110 mit einem zulässigen Gesamtgewicht von 2800 kg sind das 1,86 kg/cm² (siehe auch Kapitel F, Titel 5).

Wenn Sie jetzt den Luftdruck verringern, vergrößert sich die Auflagefläche des Reifens. Wenn die Auflagefläche auf nur 2000 cm² vergrößert wird, verringert sich der Bodendruck auf nur noch 1,40 kg/cm².

➔ Folge: das Fahrzeug sinkt weniger oder gar nicht mehr ein!

Hinweis: Schlangenlinien[3]

Sie verhindern durch die kurzen Lenkbewegungen die Bildung größerer Sandkeile vor den Rädern, die den Wagen abbremsen. Sie können das Einsanden vermeiden, indem Sie um diese Sandkeile herumfahren und durch die Weichsand-Passage hindurchfahren. So können Sie zumindest noch einige Meter weiter kommen.

TIPP : Nur soviel Druck auf die Hinterräder geben, dass diese nicht tiefer einsinken, als die Vorderräder! Letztendlich bedeutet es, dass der Reifendruck hinten niedriger sein muss, als vorn: Weil durch die Beladung des Fahrzeugs die Hinterachse in der Regel schwerer belastet wird, als die Vorderachse, kann das geringere Einsinken nur durch eine breitere Aufstandsfläche, also durch niedrigeren Luftdruck, erreicht werden. Deshalb ist es sinnvoll, mit dem Luftablassen an der Hinterachse zu beginnen, um ein Verwechseln der Luftdrücke zu vermeiden.

10)   Sanddünen

Das Fahren in den Dünengebieten ist das Schönste was ein Sahara Fahrer erleben kann.

Es birgt aber auch eine ganze Palette von Gefahren und Problemen, vom einfachen Einsanden, bis hin zum Überschlag in Längsrichtung (über die Motorhaube) bei der Dünenabfahrt!

Ob und wie man ein Dünengebiet durchqueren kann, hängt im Allgemeinen:

1. vom Fahrer
2. von den Dünen
3. und vom Fahrzeug (Leistungsgewicht) ab

Ein Durchkommen ist immer dann nicht möglich, wenn

- Der Fahrer die hier vorgestellten Fahrtechniken nicht beherrscht
- die Dünen wegen ihrer Form, oder Konsistenz (Leeseite?*) unbefahrbar sind und das Befahren somit nur von der anderen Seite möglich wäre (Luvseite!*)
- das Gewicht des Fahrzeugs zu hoch, die Motorleistung zu gering und damit der Bodendruck zu groß ist, oder die Böschungswinkel des Fahrzeugs nicht ausreichen.

(* Leeseite = Wind abgewandte steile Seite; Luvseite = Wind zugewandte flache Seite)

Wenn die Fahrtechnik beherrscht wird, sind auch hohe Dünen kein Problem

Reifen-Luftdruck:

Auch wenn die Beschaffenheit und damit auch die Tragfähigkeit des Sandes sich stark ändert, müssen Sie den Luftdruck so senken, dass Sie die weichste Stelle passieren können. Das Absenken des Reifendrucks muss spätestens vor der Einfahrt ins Dünenfeld erfolgen.

Elektronische Traktionskontrolle:

In den meisten Fällen hat es sich als vorteilhaft erwiesen, die Elektronische Traktionskontrolle (ESP) auszuschalten. Im tiefen Sand muss es sogar ausgeschaltet werden. Sollte ein Rad die Traktion verlieren und durchdrehen, würde die Kraft schlagartig über den Bremseingriff auf das gegenüberliegende Rad übertragen werden. Durch den plötzlich einsetzenden Antriebsimpuls könnte dann auch dieses Rad Einsanden. Wenn das Gleiche jetzt auch noch an der anderen Achse passiert, sitzt auch der beste Geländewagen fest.

Automatik:

Probleme können Geländewagen mit Automatikgetriebe im weichen Sand bekommen. Durch den ständigen Einsatz des Drehmomentwandlers (hauptsächlich im Straßengang) entsteht aufgrund von Schlupf Reibungswärme.

Diese wird an das Getriebeöl abgegeben, welches dann überhitzt und eine Kraftübertragung fast unmöglich macht. Siehe hierzu auch: Kapitel I, Titel Nr. 13!

Die Dünen Technik:

Die Technik, für die Dünenfahrt lässt sich grob in drei Phasen gliedern:

1. Die Auffahrt
2. Das Überwinden des Dünenscheitels
3. Die Abfahrt

1. Die Auffahrt auf die Düne

Versuchen Sie grundsätzlich, steile Dünen geradeaus (in der Falllinie) zu erklimmen.

Legen Sie schon vor der Steigung den Gang ein, mit Sie den Dünenscheitel ohne ein weiteres Hochschalten erreichen können.

Ein Gangwechsel ist nur dort möglich, wo der Wagen noch soviel Bewegungsenergie hat, dass er bei der Zugkraftunterbrechung (Kuppeln) nicht zum Stehen kommen kann. Dieses ist besonders beim Beschleunigen aus dem Dünental zu beachten! Hier wird empfohlen, gleich im zweiten Gang anzufahren, um möglichst nicht schalten zu müssen.

Besitzt Ihr Fahrzeug eine Hinterachssperre, legen sie diese jetzt ein. Auf gar keinen Fall dürfen Sie zusätzlich die Vorderachssperre einlegen, das Lenken ist mit gesperrter Vorderachse, wenn überhaupt, nur noch sehr eingeschränkt möglich. Auch wenn sich die gesperrte Vorderachssperre durch den Schlupf im Sand auf der Geraden nicht so stark bemerkbar machen sollte, wird ein Geländewagen mit gesperrter Vorderachse beim Durchfahren einer Weichsand Kurve sich schnell an der Vorderachse einsanden!

Sollte der Anfahrwinkel der Düne zu stumpf also die Düne zu steil sein, fahren Sie mehrfach, mit sehr langsamer Geschwindigkeit, gegen die Düne. Dadurch wird Sand von der Düne abgetragen und Sie erhalten einen spitzeren also flacheren Anfahrtswinkel!

> **Wichtig:** Bei der direkten Auffahrt kommen Sie zwangsläufig mit einer sehr hohen Geschwindigkeit auf die Düne. Fahren Sie nicht über den Scheitel, wenn Sie nicht wissen, wie die andere Seite aussieht.
>
> Es kann sich dort eine sehr steile Abfahrt, ein Dünenkessel ohne Ausfahrt, sehr weicher Sand oder ein anderes Hindernis befinden.

Bleiben Sie also auf der Düne stehen, optimal natürlich in einer Position, aus der Sie wieder anfahren können. Von dieser Position suchen Sie sich die ideale Ab- und Weiterfahrt.

In Gebieten mit unregelmäßigen Dünenabständen und -höhen, kann es von Vorteil sein, wenn ein erfahrener Beifahrer vorausgeht und die optimale Fahrstrecke sucht.

2. Überwinden des Dünenscheitels

Es ist oft reines Wunschdenken, problemlos die Düne heraufzufahren, am Scheitel stehen zu bleiben, dass Terrain zu begutachten, um schließlich in der ideale Abfahrtslinie zu fahren.

Viel häufiger werden Sie gezwungen sein, mit viel Gas zu fahren, um durch den weichen Sand überhaupt den Scheitel der Düne zu erreichen und diesen dann auch sofort zu überwinden.

Es geht auch mal perfekt über die Düne:

Der Wagen schiebt sich mit soviel Schwung über die Kuppe, dass er sich auf dem „Bauch" liegend, langsam Richtung Tal neigt und abfährt. Es ist die eleganteste, kraft- und materialschonendste Dünenüberwindung.

TIPP: Die sicherste und effektivste Methode eine Düne zu überwinden, ist folgende: Die Düne bis zum Dünenscheitel in einem „Rutsch" hochfahren, die Vorderräder über den Dünenscheitel und die Hinterräder auf dem Dünenscheitel zum Stehen bringen! Jetzt ist der weitere Weg durch die Dünen, gut sichtbar für Fahrer und Beifahrer. Sollte ein Fahrzeug hinter der Düne havariert sein, so wäre auch ein Ausweichen ohne Weiteres möglich. Wenn der Geländewagen auf dem Dünenscheitel exakt „eingeparkt" wurde, ist ein Wiederanfahren ohne Probleme möglich. Um von dieser Position aus rückwärts in der eigenen Fahrspur wieder die Düne herunterfahren zu können, muss der Sand des Dünenscheitels eine ausreichende Tragfähigkeit besitzen.

Auch diese Fahrtechnik erfordert einige Übung und sollte an kleineren Dünen vorher trainiert werden.

Die Fahrtechnik der Dünen Profis: Wenn Sie in einem Rutsch über die Düne wollen, aber ein Fahrzeug mit geringer Achsverschränkung oder langem Radstand besitzen, können Sie die Düne in einem Winkel von ca. 45° befahren (siehe Kap.D, Titel 4). Dieses Manöver erfordert aber viel Übung! Die Gefahr mit dem Geländewagen auf der Düne steckenzubleiben ist somit gering. Aber diese Fahrtechnik sollte erst an kleineren Dünen geübt werden. Die größte Schwierigkeit ist es, den Geländewagen bei der Abfahrt wieder in Fallrichtung zu bekommen. Dieses ist nur durch beherztes Gasgeben bei Verlassen des Dünenscheitel möglich. Ist der Geländewagen wieder in die Falllinie eingeschwenkt, muss die Geschwindigkeit deutlich reduziert werden und mit angemessenem Tempo heruntergefahren werden.

Warnung vor dem Dünensprung:

Wenn Sie zu schnell auf den Scheitel hinauffahren, und Sie nicht rechtzeitig abbremsen können, kommt es zu einem Dünensprung. Je nach Geschwindigkeit sind dabei die Vorderachse oder beide Achsen in der Luft. Dass die entsprechende Landung nicht nur ein sehr großes Risiko für das Fahrzeug darstellt, sondern auch für seine Insassen, kann sich jeder denken. Dieses gilt es unbedingt zu vermeiden!

➔ **Der Dünensprung ist die gefährlichste Art der Dünenüberquerung!!**

3. Die Abfahrt von der Düne

Fahren Sie im steilen Gelände immer in der Falllinie.

Fahren Sie niemals zu schnell die Düne hinunter. Da Ihr Heck bei einer Abfahrt immer die Tendenz hat, Sie zu überholen, vergrößert sich die Gefahr mit Zunahme des Abfahrttempos. Eine Dünenabfahrt hat eine maximal Neigung von 38,5°, dieser Wert entspricht dem maximalen Schüttwinkel des Sandes. Eine Abfahrt kann trotz diesen Winkel sehr lang werden.

TIPP: Schalten Sie Ihre **Hinterachssperre** möglichst **aus!**, die Tendenz des Heckteils zum „Überholen" oder Querstellen wird durch eine gesperrte Hinterachse vergrößert! Schalten Sie ebenfalls die **Bergabfahrkontrolle aus!** Die Abfahrt aus sehr hohen und steilen Dünen erfolgt meistens im zweiten Gang, die somit ständig eingreifende Bergabfahrhilfe kann zum Einsanden der Vorderachse führen. Im ungünstigsten Fall könnte das wiederum zum Fahrzeugüberschlag in der Längsachse führen, aber auch nur dann, wenn nicht früh genug Gas gegeben wird, um die Vorderräder wieder zu befreien.

Vorderachse beim gefährlichen Einsinken im Weichsand!

Sollte es bei der Dünenabfahrt vorkommen, dass sich die Vorderachse im weichen Dünensand eingräbt, so müssen Sie sofort gefühlvoll Gas geben. Nur auf diese Art kommt die Vorderachse wieder oberhalb des Sandkegels und die Gefahr, dass die Vorderachse komplett absackt und abbremst, was einen Überschlag zur Folge hätte, wäre groß. Gerade bei der Abfahrt sollte der gewählte Gang nicht mit maximal möglicher Drehzahl gefahren werden, um noch Gas geben zu können!

Um das Einsanden der Vorderachse zu vermeiden, gibt es einen einfachen Trick: Einfach etwas schneller sein, als der rutschende Sand! Je nach Tragfähigkeit des Sandes, muss etwas Gas gegeben werden. Auch hierbei darf beim gewählte Gang nicht mit maximal möglichter Drehzahl gefahren werden.

Sollte es einmal dazu kommen, dass sich das Heck quer stellt, müssen Sie sofort dosiert Gas geben, um die Querstellung und den daraus resultierenden seitlichen Überschlag des Fahrzeugs zu vermeiden. Das funktioniert natürlich nur, wenn Sie vorher nicht zu schnell die Düne hinuntergefahren sind. Dabei immer in der Falllinie talwärts lenken!

Wichtig: Wenn Sie eine Düne hinunterfahren, dann immer nur im ersten oder maximal zweiten Gang in der Untersetzung und **niemals!!!** bremsen oder kuppeln!

Hinweis bei einer Fahrt mit mehreren Geländewagen:

Signalisieren Sie den nachfolgenden Fahrzeugen, ob es sich um eine fahrbahre Abfahrt handelt (1x lang Hupen), oder ob eine Gefahr besteht (mehrfaches kurzes Hupen), besser geeignet als ein Hupkonzert ist natürlich CB-Funk. Auch Handfunkgeräte haben hier ihren Vorteil, besonders dann wenn die Strecke zu Fuß abgelaufen wird.

Achtung !

Wenn es sich um eine sehr steile Düne handelt, kann es beim Abfahren von einer Düne und beim Erreichen der Geraden (Boden) oder des Gegenhanges (nächste Düne) zu Berührungen mit der Stoßstange oder sogar des Kühlers kommen.

Hierbei wichtig: Treten Sie, bevor Sie die Gerade oder den Gegenhang erreichen, kurz auf die Bremse. Die Vorderräder blockieren auf dem weichen Untergrund und schieben Sand vor sich auf. Es bildet sich eine „Rampe", die den Abfahrtswinkel verkleinert!

Abfahrtswinkel durch kurzes „Anbremsen" verkleinern!

Bevor Sie mit den Vorderrädern den ebenen Boden erreichen, müssen Sie die Bremse wieder lösen, damit der Wagen ausrollen kann!

Die ganze Aktion (Bremsens, Bremse lösen, Gas geben) **muss**, je nach Gegebenheit, innerhalb von Sekunden durchgeführt werden! Sie sollten an kleineren Dünen einmal geübt werden.

137

Das ideale Team:

Der Idealfall beim Befahren von großen Dünen ist, wenn der Fahrer oder Beifahrer die Düne hinaufläuft. Entweder weiß er dann selbst, was ihn erwartet, oder er fährt nach den Anweisungen seines Beifahrers. Die Verständigung durch Handzeichen muss eindeutig und einwandfrei sein, sehr gut bewährt haben sich auch einfache Handsprechfunkgeräte aus dem Baumarkt.

> **Wichtig:** Denken Sie bei der Dünenbesichtigung auch an einen Weg oder Fahrspur nach der Düne, der Sie weiter durch das Dünenfeld führt.

➔ *„Nach der Düne ist vor der Düne!"*

11) Der Salzsee

„Nicht jede Oberfläche ist so wie sie scheint!" Dieser Ausspruch trifft auf einen Salzsee, der gelegentlich Wasser führt, besonders zu. Wenn Sie den Salzsee zu Fuß betreten, haben Sie den Eindruck, auf Beton zu laufen. Nach längeren Trockenzeiten kann die Kruste so dick werden, dass ganze Lastwagen auf Ihr fahren können. Diese scheinbare Festigkeit betrifft aber immer nur einige Zentimeter der Oberfläche. In der Regel variiert die Dicke der Salzkruste an verschiedenen Stellen so stark, dass sie teilweise nicht einmal von Personen betreten werden kann. Unterhalb der Kruste befindet sich der Salzschlamm, welcher sehr zäh und übelriechend ist (siehe Bild). Aufgrund dieser Unwägbarkeit heißt es: Wenn möglich, sollte ein Salzsee nicht befahren werden!

Sollte der Geländewagen an einer besonders weichen Stelle versacken, kann meistens auch kein anderes Fahrzeug zur Bergung dieser Stelle erreichen. Ein LKW scheidet aufgrund seines hohen Gewichtes komplett aus. Einheimische werden nicht mit ihren Fahrzeugen auf den Salzsee hinausfahren, eine Bergung kann dann komplett scheitern!

Auch die Korrosion am Fahrzeug wird, trotz gründlicher Unterbodenwäsche, selbst nach Jahren noch deutlich sichtbar sein.

Das Befahren eines Salzsees ist weder einfach noch ungefährlich, es sei denn, der Salzsee ist seit Jahren komplett ausgetrocknet.

Da dies aber meisten nicht der Fall ist, kann der Untergrund sich bezüglich seiner Tragfähigkeit ständig ändern. Die Tragfähigkeit lässt sich an der Farbe der Oberfläche erkennen, je dunkler die Oberfläche erscheint, desto weicher ist sie. Deshalb immer dort fahren, wo die Oberfläche an hellsten ist.

Da der Salzsee in seinem Querschnitt einer Untertasse gleicht, bei der die tiefste Stelle in der Mitte ist, sammelt sich hier auch die Feuchtigkeit. Somit ist es am sichersten, den Salzsee möglichst weit außen zu befahren.

Ein Salzsee, der bei starkem Regen normalerweise Wasser führt, wird nach der Beendigung der Niederschläge in der Regel nicht komplett austrocknen. Sollten sich die hellen und trockenen Flächen als vereinzelte Inseln zeigen, sollte immer von „Insel zu Insel" gefahren werden. An den weichen (dunklen) Stellen des Salzsees versinkt der schwere Geländewagen in die Oberfläche und verliert an Geschwindigkeit. Daher sollten Sie an den festen (hellen) Stellen beschleunigen und mit der Idealgeschwindigkeit von ca. 50-60 km/h fahren (siehe Bild).

Dunkle Fläche wenig tragfähig, helle Fläche tragfähig!

Der Abstand der einzelnen Fahrzeuge ist möglichst groß zu halten. Wenn ein Fahrzeug versacken sollte, müssen alle anderen einen möglichst großen Abstand halten. Auf keinen Fall darf in die Fahrspuren der vorausfahrenden Fahrzeuge gefahren werden, denn hier ist die tragende Salzkruste meistens beschädigt, wodurch jeder andere Geländewagen sofort einsacken kann. Ein Salzsee kann mehrere Meter tief sein, eine Fahrspur wird durch das Befahren durch weitere Geländewagen nicht verdichtet und tragfähiger, sondern weicher und beschleunigt das Versinken noch! Das Befahren von Salzseen ist mit dem Fahren auf Schlamm nur begrenzt zu vergleichen, denn auf einen Salzsee sind die Lenkradbewegungen (Kapitel C, Titel 20) zu vermeiden, das Fahrzeug verliert hierdurch zu sehr an Geschwindigkeit!

Muss auf einem Salzsee gewendet werden, darf der Wendekreis nicht zu eng gewählt werden. Das kurvenäußere Vorderrad wird in einer engen Kurve derartig belastet, dass es durch die Salzkruste berechnen kann. Das Fahrzeug stürzt um!

TIPP: Da der Salzsee, im Gegensatz zum Schlamm, an der Oberfläche nur begrenzt tragfähig ist, hilft hier nur alle Sperren einlegen, Allradantrieb einlegen und eine Geschwindigkeit zwischen 50-60 km/h. Sollte der Salzsee sehr dunkel (also feucht) erscheinen, heißt es früh genug die Luft aus den Reifen ablassen, um eine möglichst große Reifenaufstandsfläche zu haben! Es ist auf der glatten Oberfläche eines Salzsees ohne Weiteres möglich, mit höheren Geschwindigkeiten zu fahren, der Reifenluftdruck sollte deshalb nicht unter 1,6 bar verringert werden.

12)   Fech-Fech

Auf „Fech-Fech" trifft man vereinzelt in einigen Teilen der Zentralsahara. Fech-Fech kommt meistens in flachen Rillen oder Wannen vor und hier häufig parallel zu Dünenketten. Aber auch in der Kies- oder Steinwüste findet man oft diese weiß-graue Ablagerung. Da das Fech-Fech-Feld eigentlich immer von einer dünnen Feinsandschicht überzogen ist, wird es wärend der Fahrt meistens übersehen. Bei der Einfahrt in ein Fech-Fech-Feld sackt das Fahrzeug sofort um ca. 20-40 cm ab, gleichzeitig steigt eine gewaltige Staubwolke auf. Diese weiße Staubwolke nimmt den Fahrzeuginsassen sofort die Sicht und das Weiterfahren ist unmöglich. In diesem Fall muss der Motor sofort ausgeschalten werden! Sollte der Motor aber weiterlaufen, wird die Staubwolke vom Motor angesogen und der Luftfilter setzt sich sofort zu.

Wer das Pech hatte, in ein größeres Fech-Fech-Feld einzufahren (diese sind aber eher selten), wird mit der Selbstbergung höchstwahrscheinlich weniger Erfolg haben. Insbesondere dann, wenn der Luftfilter schon verstopft ist und das Fahrzeug nicht mehr starten kann. Selbst wenn der Start noch möglich sein sollte, der Kühlerventilator und die Auspuffabgasen würden den Staub erneut aufgewirbelt, und das Spiel beginnt von vorn. Bei jedem Versuch, Sandbleche zu legen, steigen wieder Staubfahnen hoch. Sollte Fech-Fech nachdem es feucht war, wieder trocknen, hat es die Eigenschaften von Gips!

„Wer jemals hat in einem Fech-Fech-Feld gesessen, wird das Gefühl niemals vergessen" (vom Autor)

TIPP: Eine Fremdbergung mit Hilfe eines sehr langen Bergegurtes oder Seiles, mit ausgeschalteten Motor beim zu bergenden Fahrzeug, hat meist mehr Erfolg. Es ist hilfreich, im Fech-Fech-Feld eine Atemschutzmaske zu tragen.

13)   Die Sandformel oder die Sandtauglichkeit

Es gibt immer wieder Gespräche über die Wüstentauglichkeit der einzelnen Geländewagenmodelle auf dem Markt. Sind diese noch für Wüste und Dünen geeignet oder sind die modernen Fahrzeuge alle zu schwer?

Seit einigen Jahren gibt es die „Sandformel". Über die Sandformel lässt sich annähernd berechnen, ob ein Fahrzeug in die Kategorie „pistengeeignet", „dünengeeignet" oder sogar „wettbewerbsgeeignet" einzustufen ist.

Die Logik der Formel:

Fahrzeuge sinken im Sand um so weniger ein,

- je größer der Raddurchmesser,

- je breiter der Reifen,

- je geringer das Gewicht des Geländewagens.

Die tragende Reifenfläche verhält sich proportional zum Reifendurchmesser und der Reifenbreite.

Beim Fahren im weichen Sand werden Spurrillen erzeugt. Je nach Untergrundbeschaffenheit, Fahrzeuggewicht, etc. sinkt dabei der Wagen ein. Nehmen wir mal an, wir fahren durch jungfräulichen Sand und betrachten nur die Vorderräder. Diese versuchen, permanent, aus der erzeugten Spur "herauszuklettern", also den durch das Einsinken verursachten Höhenunterschied zu dem noch nicht verdichteten Sand vor ihnen zu überwinden, was einem stetigen Bergauffahren entspricht. Die zu überwindende Steigung ist dabei umso geringer, je grösser der Reifendurchmesser im Verhältnis zur Spurrillentiefe ist, und damit wird der benötige Kraftaufwand geringer.

Die Herleitung der Sandformel:

Die sogenannte *Leichtgängigkeit (L)* eines Fahrzeugs setzt sich aus folgenden Faktoren zusammen:

n = Anzahl der tragenden Räder

d = Raddurchmesser in Meter

b = Reifenbreite in Meter

G = Fahrzeuggewicht in Tonnen

wobei die Parameter in folgendem Verhältnis zu einander stehen:

$$L = \frac{n * d^2 * b}{G}$$

Ein Fahrzeug sinkt also umso weniger ein, je grösser das Radvolumen (gebildet aus Breite und Durchmesser) und je geringer das Gewicht ist. Die Leichtgängigkeit verhält sich proportional zur Reifenbreite, wächst aber quadratisch mit dem Reifendurchmesser.

Des Weiteren spielt das Leistungsgewicht (Motorleistung pro t Fahrzeuggewicht) und die Anzahl der angetrieben Räder eine Rolle:

Es gilt:

$$c = \frac{P}{G} \quad und \quad z = \frac{nt}{n}$$

c = Leistungsgewicht

P = Motorleistung in KW

G = Fahrzeuggewicht in Tonnen

z = Antriebsverhältnis

nt = Anzahl treibender Räder

n = Anzahl tragender Räder

Alle drei Komponenten multipliziert ergeben nun die berühmt-berüchtigte Sandformel, also die *Sandtauglichkeit (S)*:

Sandtauglichkeit = Leichtgängigkeit x Leistungsgewicht x Antriebsverhältnis:

$$S = \left(\frac{n * d^2 * b}{G} \right) * \left(\frac{P}{G} \right) * \left(\frac{nt}{n} \right)$$

Somit lautet die fertige Formel:

$$S = nt * d^2 * b * \frac{P}{G^2}$$

nt=   Anzahl der Angetriebenen Räder

d=   Raddurchmesser in Meter

b=   Reifenbreite in Meter

P=   Motorleistung in KW

G=   Fahrzeuggewicht in Tonnen

Nach dem Faktor „S" der Sandtauglichkeit gilt:

S = 1 - 10:   Pistengeeignet

S = 10 - 30:   Dünengeeignet

S > 30:   Wettbewerbsgeeignet

Jetzt alles klar!?

143

Wichtig für den Erfolg bei der Teilnahme an einer Rallye ist weniger die Leistung des Geländewagens, als vielmehr seine Zuverlässigkeit und das „gute Auge" seines Fahrers. Wer dann noch einen perfekten Beifahrer (Navigator) auf dem „heißen" Sitz hat, ist einem Sieg schon einen großen Schritt näher gekommen.

Sinn einer Rallye ist es sicherlich schneller zu sein, als die Mitbewerber, aber Sieger kann nur der werden, der mit seinem Geländewagen am Ende der Rallye noch durchs Ziel fährt!

Was nichts anderes bedeutet, als materialschonend zu fahren!

Daher folgende Tipps, für Fahrzeug und Ausrüstung

➔ Keine Tuning Maßnahmen durchführen, die die Haltbarkeit des Motors beeinträchtigen.

➔ Ölwechsel mit dem für das Auto vorgeschriebenem Öl, kein zu dünnflüssiges Öl verwenden!

➔ Bereifung. MT oder AT Profil möglichst groß und breit.

➔ Beim Wechseln auf ein Doppel-Dämpfer-System, niemals Öl- und Gasdruckstoßdämpfer mischen!

➔ Zugelassenen Überrollkäfig verwenden (bei vielen Rallyes vorgeschrieben)

➔ Luftkompressor für die Reifen mitnehmen

➔ Um schnell und genau die Luft aus den Reifen zu lassen, eignen sich Stauventile am besten. Stauventile sind Ventilkappen, die auf die Reifenventile aufgeschraubt werden und die Luft bis zu einem vorher festgelegten Wert automatisch ablassen.

➔ Zusätzlich 1-2 Ersatzreifen mitnehmen (z.B. Winterreifen)

➔ Ersatz-Ventilkappen nicht vergessen, gehen schnell verloren

➔ Mehrere Luftfilter mitnehmen (in der Sahara Papierfilter verwenden , Öl verschmutzt zu stark oder Ansaugstutzen hochlegen)

➔ Mehrere Liter Kühlwasser und extra „Kühlerdicht" für mögliche Reparaturen am Kühler oder Ladeluftkühler mitnehmen

➔ Diverses Material für improvisierte Reparaturen, wie z. B. Panzerband, Knetmetall, Kabelbinder, Auspuffdicht, usw.

➔ Umfangreiches Bordwerkzeug gut zugänglich lagern.

➔ Sandbleche (mindestens 1,50 m) und stabile Schaufel sind notwendig, daher fest verstauen und gut zugänglich aufbewahren.

➔ Mitnahme eines stabilen Bergegurtes oder kinetisches Seils von mindestens 9 Metern Länge und wichtig immer mit Schäkel

➔ CB-Funk, wenn möglich mitnehmen

➔ 2 CB- Handfunkgeräte, zur Einweisung in schwierigen Gelände durch den Beifahrer

➔ Beim Veranstalter erkundigen, welches Funksystem wird hier benutzt (z. B. 2 Meter Band) und ist dieses für die Teilnehmer freigegeben?

➔ alte Verschleißteile ggf. als Ersatz mitnehmen, zusätzlich: Öl und Kraftstofffilter

➔ Es empfiehlt sich die komplette Ladung in geschlossene Behälter unterzubringen (Staub) und im Fahrzeug gut zu verankern (z.B. auf dem Fahrzeugboden festschrauben)

➔ Eine generelle Umrüstung der Reifen auf Schlauchbetrieb ist nicht nötig.

➔ Der Kühlkreislauf des Fahrzeuges ist lebenswichtig und muss einwandfrei funktionieren!! (Druckprobe vornehmen lassen)

➔ Was immer wieder vergessen wird, gerade bei etwas älteren Fahrzeugen, sind die Kraftstoffleitungen auf Dichtigkeit zu überprüfen. Es kann vorkommen, dass diese porös werden und Leckagen bilden, was zu Motorbränden oder ganzen Fahrzeugbränden führen kann!

➔ Die maximale Zuladung des Fahrzeuges beachten. Nicht überladen! (öffentliche Waage aufsuchen). Machen Sie Ihren Geländewagen so leicht wie es irgendwie geht!

➔ Wenn eine Dachbeleuchtung montiert werden soll, dann sind Nebelscheinwerfer, welche direkt vor der Motorhaube auf die Straße leuchten der beste Anfang. Nur durch diese Scheinwerfereinstellung ist das Befahren einer Düne in einer absolut dunklen Nacht erst möglich. Normal eingestellte Scheinwerfer zeigen bei der Dünenfahrt Richtung Himmel und das Dünenende ist somit nicht zu erkennen.

➜ Beim Reifenzustand auch an die Rückfahrt denken, Reifen-Reparaturkit nicht vergessen (Einschnitte in den Reifenflanken).

➜ Achsfangbänder zum Schutz der Stoßdämpfer montieren, die Stoßdämpfer können sonst bei einem Sprung oder extremer Achsverschränkung abreißen.

➜ Das GPS-Gerät gut sichtbar für Beifahrer und Fahrer montieren, die Antenne muss freien Empfang haben.

➜ Wichtig für Rallye-Etappen, sind Trinksysteme. Während einer Rallye verlieren Fahrer und Beifahrer mehrere Liter Wasser, um diesen Wasserverlust wieder auszugleichen und die Konzentration zu erhalten, ist es wichtig, ein Trinksystem zu montieren, welches das Trinken während der Fahrt ermöglicht.

Die Instrumente zur Navigation bei einer Rallye

Glückliches Ende einer Rallye

➜ Mindestens noch ein Hand GPS-Gerät als Reserve und zur Sicherheit, wenn jemand das Auto verlassen muss!

➜ Mindestens einen Handkompass

➜ Feuerlöscher (A-B-C Pulver) gut zugänglich aufbewahren

➜ Notsignalraketen mindestens 5 x rot und 5 x grün

➜ Taschen- bzw. Stirnlampen und Ersatzbatterien

➜ Das Reparatur Handbuch Ihres Geländewagens

➜ Auslandsschutzbrief inkl. Deckung von Personen- und Fahrzeugrücktransport aus dem Land der Rallye.

➜ Grüne Versicherungskarte, in dem das Rallye Land (z.B. TN für Tunesien) nicht gestrichen ist.

➜ Auslandskrankenversicherung

➜ Atemschutzmasken und Schweißer-Schutzbrille, als Schutz bei Sandstürmen und Fech-Fech Feldern

➜ Wer auf Nummer sicher gehen möchte, kann alle Scheiben, bis auf die Windschutzscheibe, noch mit einer Klarsichtkunststofffolie überziehen lassen. Die Scheiben sind dann einbruchsicher und können nicht eingeworfen werden.

➔ Es gibt auch die Möglichkeit, alle Seiten- und Heckscheiben durch Makrolon (Kunststoff) zu ersetzten. Bei Makrolon muss auf ein Schiebefenster und die Möglichkeit der Panikauslösung geachtet werden.

TIPP: Beim Aufbauen und Ausrüsten eines Rallye-Fahrzeugs ist unbedingt ein Fachmann oder eine entsprechende Fachfirma zu Rate zu ziehen. Die eigene Werkstatt ist hierbei meisten überfordert. Von einem Fachmann gibt es meistens noch einige wichtige Ratschläge kostenlos dazu.

G)   Fahren Off-Road

Expedition, die große Tour

---

1)   Welcher Geländewagen ist richtig?

Wer individuell in der Welt unterwegs sein will, kommt um den Kauf eines entsprechenden Geländewagens nicht herum. Dabei sollte immer die Zuverlässigkeit an erster Stelle stehen. Bei der unübersichtlichen Vielzahl von Geländewagen und SUV auf dem Markt, ist es nicht so ganz einfach den richtigen Geländewagen für Alltag und Abenteuer zu finden.

Doch was ist eigentlich wichtig für die große Tour? Für extreme Reisen am besten geeignet sind Geländefahrzeuge mit hoher Bodenfreiheit, Allradantrieb und Getriebeuntersetzung. Entscheidend sind auf Expeditionen eine unkomplizierte Technik, die Stabilität tragender Fahrwerksteile und die Nutzlast. Da ein Ausfall der Bordelektronik in der Wüste unter Umständen die Aufgabe des Fahrzeugs bedeuten kann, sollte möglichst mit wenig Elektronik an Bord sein.

Bei einem Geländewagen, der bei niedriger Drehzahl kraftvoll durchs Gelände fahren soll, ist der Motor das wichtigste und dieser sollte ein möglichst großes Drehmoment bei niedriger Drehzahl besitzen. Bei ca. 1.600-2.000 U/min. muss das maximale Drehmoment schon erreicht sein.

TIPP: Das Drehmoment des Motors ist wichtiger als die PS Leistung!

Egal, ob es sich um einen kurzen oder langen Geländewagen handelt, wichtig ist die maximale Zuladung. Was nützt es, wenn Sie einen großen Geländewagen fahren, dessen Zuladung aber auf mageren 350 kg begrenzt ist? Bei einer größeren oder auch anspruchsvollen Tour sollte die Zuladung annähernd bei einer Tonne (1.000 kg) liegen. Da die Zuladung auch irgendwie verstaut werden muss, ist der Zubehörmarkt für den Geländewagen enorm wichtig, denn nur hier kann man seinen Wunsch nach dem perfekt ausgestatteten Fernreise-Geländewagen erfüllen.

Wichtig für die Fernreisetauglichkeit: Zuladung und Zubehör

Bei dem Wunschgeländewagen sollte es sich idealerweise um eine Marke und/oder Modell handeln, welches weltweit verkauft wird. Nur wenn man keinen „Exoten" fährt, kann man auch weltweit schnell Ersatzteile bekommen, die dann auch der „Dorfschmied" kennt und einbauen kann.

Nicht zu vergessen: Wie sieht es mit Marken-Clubs und Internet-Plattformen zu Ihrem Geländewagen aus, denn hier gibt es interessante Infos nicht nur zum Um- und Ausbauen!

TIPP: Wie übersichtlich und handlich ist Ihr Wunsch Geländewagen? Eine Probefahrt im leichten Gelände, natürlich nur mit der Genehmigung des Verkäufers, wirkt meistens schnell ernüchternd.

2)   Zusatzausstattung

Gerade, wenn es ins extreme Gelände geht, sollte zumindest die Hinterachse über eine 100%-Achsdifferenzialsperre verfügen. Die Achsdifferenzialsperre erleichtert das Vorankommen im extremen Gelände doch um einiges. Eine Traktionshilfe ist hilfreich, kann aber die 100%-Sperre nicht ersetzen. Gerade für einen Dauergebrauch ist eine Traktionshilfe nicht geeignet, da die Bremsen stark überhitzen und ihr der Verschleiß überraschend groß ist.

Sehr nützlich auf längeren Reisen sind Kraftstoff-Zusatztanks, die z. B. unter die Türschwellen oder als vergrößerter Haupttank eingebaut werden können.

Zusammen mit dem Haupttank gewinnt man dadurch, je nach Fahrzeug, eine Reichweite von bis zu 1.500 km (Asphaltstraße) oder 1.000 km (Piste), ohne den Innenraum einzuschränken. Die Tanks sind allerdings weder billig noch leicht. Aber nichts ist abseits aller Straßen wichtiger als Reichweite! Zudem entfällt das lästige Schleppen und Umfüllen aus Treibstoffkanister.

Nachtanken an einer „Sahara Tankstelle"

Für die Expedition vorbereiteter Geländewagen

Über die Wichtigkeit von stabile Bergeösen haben Sie schon gelesen (Kapitel D, Titel 10), dennoch sollen diese hier noch einmal erwähnt werden!

Eine Verbesserung des Fahrwerks ist eigentlich immer nötig, denn ein serienmäßiges Fahrwerk ist für alle Fahrsituationen konstruiert und meistens „straßenlastig" ausgelegt, nicht aber für spezielle Einsätze, wie Expeditionen mit voller Zuladung. Kleinere Verbesserungen können z.b. der Wechsel von Federn und Dämpfern sein. Dagegen handelt es sich z.b. beim Austauschen der Kardanwellen oder bei einem Getriebeumbau schon um eine größere Verbesserung. Bevor man sich an eine Fahrwerksverbesserung herantraut, sollte man sich den Einsatzzweck genau überlegen. Es darf bei einem Umbau nicht die Achverschränkung verschlechtert werden, denn nur mit einer guten Achsverschränkung bleibt der Kontakt aller Reifen mit dem Untergrund möglichst lange erhalten. Sinnvoll ist der Erfahrungsaustausch mit Fachleuten, sonst investiert man leicht viel Geld, ohne den gewünschten Effekt zu erzielen.

Wie sieht es mit der Möglichkeit aus, von außen zugänglichen Stauboxen zu montieren? Hier kann dann alles was riecht (z. B. Öle) oder schädlich für die Atmung ist (z. B. Benzinzusätze) sicher untergebracht werden.

Besitz Ihr Geländewagen einen Wasserabscheider für den Diesel? Höchstwahrscheinlich nicht, aber dieser ist gerade in Gegenden mit geringer Tankstellendichte enorm wichtig. Muss also öfter aus fremden Kanistern oder Fässern getankt werden, kann man nie wissen, mit wie viel Wasser der Diesel gestreckt wurde!

3) Sinnvolle Extras

Das wichtigste Extra in der Wüste ist der Luftkompressor. Der Luftkompressor sollte natürlich möglichst saubere Luft zum Einsaugen bekommen, aus diesem Grunde sollte der Luftkompresser in einer Alu-Kiste oder, noch besser, im Fahrzeug fest eingebaut werden.

Leistungsstarker Kompressor in Staubschützender Alu Box

Sandbleche als Schutz vor den hinteren Seitenscheiben

Um mehr Platz zu haben, wird meisten an den Kleidungsstücken gespart. Damit Sie nicht schon nach wenigen Tagen, wie der berühmte Otter riechen, hat sich die „Off-Road-Waschmaschine" bewährt. Eine Off-Road-Waschmaschine ist recht schnell selbst gebaut. Am besten eignet sich ein Eimer mit ca. 30 Liter Fassungsvermögen oder ein Kunststofffass mit ca. 60 Liter, jeweils mit Schraub- oder Klemmdeckel und Handgriffen an den Seiten. Dieser Eimer wird zu etwa einem Drittel mit Wasser gefüllt und etwas Waschpulver hinzugegeben, die verschmutzten Kleidungsstücke hineinlegen und den Eimer oben auf dem Dachgepäckträger verzurrt. Durch die Sonnenstrahlen wird das Wasser erwärmt und durch die Off-Road-Fahrt der Schleudergang aktiviert. Abends im Camp kann die Wäsche sauber entnommen, gespült und dann zum trocknen über Nacht aufgehängt werden!

Ein wichtiges Extra ist ein extrem stabiler, geschweißter und feuerverzinkter Dachgepäckträger. Der Dachgepäckträger ist Weltweit eines der häufigsten Extras bei Expeditionen. Dachgepäckträger, auch Lastenträger genannt, werden eigentlich immer für ein Fahrzeug mit speziellen Befestigungspunkten entwickelt. Einige Fahrzeuge besitzen spezielle Befestigungspunkte im Dach oder im Türrahmen, um eine Montage des Lastenträgers zu vereinfachen. Die maximale Dachlast vom Hersteller ist immer zu beachten, wobei es sich dabei immer um eine dynamische Last, also um die Last während der Fahrt auf normaler Straße, handelt. Die statische Last ist meistens ums Doppelte höher, wichtig z. B. bei Dachzelten, wenn in diesen übernachtet werden soll!

Am Dachgepäckträger oder besser vor der hinteren Seitenscheibe sollten die Sandbleche befestigt werden. Dort sind sie schnell zu erreichen und jederzeit einsatzbereit.

TIPP: Vor den hinteren Seitenscheiben montiert wirken die Sandbleche als Blickschutz und zusätzlich als Einbruchschutz.

4)   Verstauen der Ausrüstung

Es empfiehlt sich die komplette Ladung in geschlossene Behälter wie z. B. Stapelbaren Alukisten oder Kunststoffkisten unterzubringen (Staub) und im Fahrzeug gut zu verankern (z.B. auf dem Fahrzeugboden festschrauben)

Für jeden Geländewagen gibt es bereits einige spezielle Ausbaumöglichkeiten. Aber egal, wie und womit ausgebaut wird, auf eines ist immer zu achten: nichts darf sich auf Wellblechpisten lösen und muss selbst bei einem Überschlag an seinem Platz bleiben!

Staumöglichkeit, hier ein Selbstausbau. Modell: „OFF-Rödel"

Werden Aluminiumboxen für Kleidungsstücke verwendet, ist darauf zu achten, die Kleidungsstücke zusätzlich noch in eine Plastiktüte (z. B. Müllbeutel) zu verstauen. Denn Aluminium färbt ab und verunreinig somit die Kleidung! Dieses gilt natürlich auch für alles andere, was in einer Alu-Box ungeschützt gelagert wird. Diese Kisten sollten „themenmäßig" gepackt werden, z.b. „Bekleidung", „Proviant", „Kochen", etc. und wenn diese dann auch noch beschriftet werden, verderben Sie sich nicht den sauer erkämpften Feierabend durch endloses Suchen nach dem Steakgewürz. Darüber hinaus sind gute Kisten sowohl staub- als auch wasserdicht und schützen den Inhalt auch gegen mechanische Beschädigungen. Es ist ein schönes Gefühl, wenn man nach einer verpatzten Wasserdurchfahrt eine trockene Hose anziehen kann. Wer Kunststoffboxen verwendet umgeht die Probleme des Alu-Abriebs.

5)   Ladungssicherung

Wer abseits aller Straßen fährt, muss sich zwangsläufig Gedanken um die Ladungssicherung machen. Denn als Fahrer sitzt man vor seiner Ladung! Wenn man dann den Gedanken zulässt, dass einem diese Ladung bei einer Vollbremsung genau gegen diesen Kopf schlagen kann, wird man sich davor schützen wollen und die Ladung sichern. Außerdem schreibt der Gesetzgeber vor, dass die Ladung zu sichern ist, für Vollbremsungen, starke Ausweichmanöver und schlechte Wegstrecken, dieses gilt immer und überall! Deshalb hier aufgrund der Wichtigkeit die ausführliche Ausführung der Landungssicherung:

Wenn Sie das Wort „Ladungssicherung" hören denken Sie automatisch an Schwertransporte, Überseeverschiffungen o.ä., vergessen dabei aber geflissentlich den Blick auf die Ladefläche des eigenen Geländewagens! Bei einem PKW mit separatem Kofferraum braucht man diesem Thema auch keine allzu große Beachtung schenken, da das Gepäck, also die Ladung, in der Regel in einem separaten Raum untergebracht ist. Anders in unserem Geländewagen oder SUV, der sich dadurch auszeichnet, dass er meist wie bei einem Kombi aus einem zusammenhängenden Innenraum besteht. Jedoch: Für alles, was sich im Fahrzeug befindet und was nicht fest (kraftschlüssig) mit dem Fahrzeug verbunden ist, gelten die Gesetze der Physik! Im Fall eines Unfalls, wie Aufprall auf ein stehendes Hindernis, sind die Insassen durch Gurte, Airbags, Knautschzonen und ähnliches so gut geschützt, dass sie einen derartigen Aufprall bis zu einer Geschwindigkeit von ca. 30 Km/h und höher mit etwas Glück sogar unverletzt überstehen können. Physikalisch findet in so einem Fall eine extrem starke Negativbeschleunigung statt, die sehr hohe Energien freisetzt.

Wieder eine Formel: **Energie = Masse x Beschleunigung**

Die in einem Gepäckstück oder Ladungsteil enthaltene potentielle Energie wird im Bruchteil einer Sekunde in kinetische (Bewegungs-) Energie umgesetzt. Was bedeutet: Was nützen die schönsten „passiven Sicherheitseinrichtungen", wenn Sie hinterrücks von einer nicht gesicherten Werkzeugkiste erschlagen oder von einem obenauf liegenden Ersatzteil verletzt werden. Der häufigste Fehler: Insbesondere für längere Reisen beladen Sie Ihr Fahrzeug mit allen benötigten Ausrüstungsteilen inklusive meist recht schwerer Ersatzteile nur **formschlüssig**, dass heißt, Sie stellen die einzelnen Ladungsteile so ineinander und/oder aufeinander, dass ein Teil am anderen anliegt und verbleibende Lücken füllen Sie mit losen Kleinteilen. Meist unterliegt die Verteilung der Ladung auch zusätzlich der Logik: Was man am häufigsten braucht, legen Sie griffbereit hin. Wenn der Innenraum nicht reicht, wird halt noch der Dachgepäckträger genommen. Auch für die Beladung eines Geländewagens sollte jedoch grundsätzlich gelten: Das Schwere nach unten, das Leichte nach oben, das Sperrige auf das Dach. Sie müssen immer versuchen, den Gesamtschwerpunkt ihres Geländewagens so niedrig wie möglich zu halten, damit der Geländewagen bei Schrägfahrten, scharfen Kurven und Ähnlichem nicht umkippt. Was soll mit einer sachgerechten Beladung des Geländewagens erreicht werden?

➡ Gute Ausnutzung des Ladevolumens

➡ Gute Erreichbarkeit der einzelnen Packstücke

➡ Beschädigungen der Packstücke vermeiden

➡ Schwerpunkt der Zuladung möglichst niedrig halten

➡ Unbeabsichtigte Bewegung der Packstücke ausschließen

➜ Geräuschentwicklung (Klappern, Scheppern) vermeiden

➜ „Off-Road-sicher" beladen

➜ Keine gefährlichen Geschosse im Fall eines Unfalls

Wie erreichen Sie das?

Als erster Schritt hat es sich bewährt, als Umverpackung stabile Alu-Kisten zu benutzen (z.b. Zarges-Boxen). Wenn die Kistenabmessungen dann auch noch mit den Fahrzeugabmessungen harmonieren, (z.b. zwei Kisten nebeneinander füllen die Ladefläche in Querrichtung aus) haben Sie die Aufgabe einer guten Beladung schon halb gelöst. Zwischenräume, die zwangsläufig entstehen, sollten mit geeigneten Materialien ausgefüllt werden, notfalls ein paar Lappen, Geschirrhandtuch oder dem Overall für die Schraubarbeiten. Es gibt im Fachhandel kleine Plastiksäcke so genannte LuPo´s („Luftpolster"), die mit Luft aufgeblasen werden oder die „Bubble-Folie" zum Schutz empfindlicher Einzelteile. Packstücke, die sich aufgrund ihrer Abmessungen oder Beschaffenheit nicht in Kisten verpacken lassen, müssen Sie als einzelne Stücke in Ihrer Beladung einfügen. Beim Beladen immer auf die Kraftschlüssigkeit der einzelnen Teile achten, d.h. die einzelnen Packstücke so ineinander verschachteln, dass diese ohne Spielraum an den jeweiligen Fahrzeugteilen anliegen.

In der Vertikalen sollten Sie unbedingt dünne Gummimatten zwischen die Packstücke legen um den Reibungswiderstand zu erhöhen. Diese gibt es im Fachhandel für kleines Geld als Meterware. Schwere Packstücke sollten möglichst fest mit dem Fahrzeug verbunden werden, dabei kommen wir in der Regel nicht drum herum, das eine oder andere Loch in den Karosserieboden zu bohren, aber wenn man dann bei der Verschraubung große Unterlegscheiben (Kotflügelscheiben) verwenden und noch etwas Karosseriedichtmasse dazu gibt, hält der Schaden sich in Grenzen und der Nutzen überwiegt deutlich. Für Reservekanister gibt es diverse Halterungen, wenn möglich sollten die Kanister damit ins Fahrzeug und nach Möglichkeit nicht außen an den Seiten des Fahrzeugs montieren werden. Wenn die Ladung schön form- und kraftschlüssig quasi als „Paket" gestaut wurde, muss diese noch nach oben und in Längsrichtung gesichert werden. Um die Personen im Innenraum vor umherfliegenden Packstücken zu schützen kann man beispielsweise ein Trenngitter („Hundegitter") einbauen. Das hat jedoch den Nachteil, dass man vom Fahrerraum aus den Laderaum nicht mehr erreichen kann und es schützt die Ladung auch nicht vor Beschädigungen durch umherfliegen, rettet jedoch im schlimmsten Fall unser Leib und Leben.

Zweite Möglichkeit ist, das gesamte Ladungspaket mit einem Netz zu überspannen. Dieses kann man als „halbherzige" Lösung bezeichnen, da Netze je nach Maschenweite kleiner Packstücke nicht erfassen, da sich Netze sehr stark dehnen und in der Regel eine niedrige Bruchlast haben. Optimal ist es, das gesamtes Ladungspaket aber auch einzelne Packstücke mit Spanngurten zu sichern. Es gibt hier zwei unterschiedliche Ausführungen. Die einfache Version besitzt an einem Ende nur ein Schloss, durch welches das andere Ende des Gurtes geführt wird, das dann mit der Hand unter Öffnen der Schließe gespannt wird. Lässt man den Schließhebel los, wird der Gurt in der gespannten Stellung festgehalten. Diese Gurte sind nur für leichte Packstücke geeignet, da kein Hebelsystem existiert und nur eine geringe Spannkraft aufgebracht werden kann. Besser sind Gurtsysteme, die aus einem Spanngurt und einem Spannschloss (Ratsche) bestehen. Diese gibt es in unterschiedlichen Größen, Längen und Bruchlasten entweder im Baumarkt oder im Fachhandel. Mit dem Spannschloss wird der Gurt gespannt, wobei sehr große Kräfte entstehen können. Beide Systeme können dazu eingesetzt werden, mehrere Packstücke zu umschlingen (schnüren) oder um ein Packstück zwischen zwei Befestigungspunkten (Laschaugen) zu überspannen und somit fest auf den Boden zu drücken. Bei beiden Einsatzarten müssen Sie darauf achten, dass zum Einen die Ladung nicht durch zu festes Schnüren beschädigen, zum Anderen nicht die in den meisten Fahrzeugen vorhandenen Befestigungspunkte herausreißen (die Bruchlast liegt in der Regel bei 400 Kg). Führen Sie also einen Spanngurt von einem Ende des Ladungspaketes zum anderen, erreichen Sie eine optimale Sicherung der Ladung gegen Verrutschen in zwei Richtungen, nämlich nach oben und beispielsweise in Längsrichtung. Ein weiterer Gurt im rechten Winkel dazu angebracht und man kann die Ladung in allen Richtungen sichern. Es ist weiter darauf zu achten, dass die Gurte nicht über scharfe Kanten laufen.

Beim Einsatz außerhalb des Fahrzeugs (z.B. zum Sichern von Ladung auf dem Dachgepäckträger) sollte man nur Spannschlösser verwenden, die rostfrei oder mindestens gelb verzinkt sind. Nach dem Gebrauch mit einem öligen Lappen abgerieben und etwas gefettet erhöht die Lebensdauer. Wichtig ist es, die Spanngurte regelmäßig nachzuspannen, da sich das Material unter Belastung geringfügig dehnt. Insbesondere nach schneller Fahrt über eine „Wellblech-Piste" sollte man seine Ladungssicherung überprüfen.

Häufig ist es schwierig, die meist am Boden angebrachten Befestigungspunkte nach der Beladung noch zu erreichen, oder ihre Anzahl oder auch die Bruchlast reichen nicht aus. In diesem Fall haben sich sog. „Airline-Schienen" als stabile Alternative erwiesen.

Airline-Schienen außen zur Befestigung von Sandblechen, Schaufeln, Ablagen, usw. und nur in Ausnahmefällen für schwere Diesel- oder Wasserkanister.

Hierbei handelt es sich um ein System, das ursprünglich für die Befestigung von Ladung in Flugzeugen entwickelt wurde. Es besteht aus Aluminium-Profilen, welche wie ein umgekehrtes T ausgefräst sind. In dieser Ausfräsung kann man Laschaugen verschieben und an der gewünschten Stelle arretieren. Das Profil ist relativ flach und kann an beliebiger Stelle (Boden, Seitenwände, usw.) im Fahrzeug angebracht werden, allerdings muss die gewünschte Stelle entsprechend tragfähig sein und auch hier kommt man um das Bohren nicht herum. Die Verbindung erfolgt dann durch Schrauben oder eleganter sogenannter Pop-Nieten. Insbesondere bei immer wiederkehrenden Beladungszuständen kann man sich mit diesem Hilfsmittel absolut bedarfsgerechte Punkte zur Ladungssicherung schaffen.

TIPP: Mit den jeweils dargestellten Tipps erreichen Sie eine schonende Sicherung der Zuladung, erhöhen die Fahrsicherheit und Ihre eigene Sicherheit, reduzieren nerviges Gerappel und das alles mit Vergleichsweise wenig Aufwand und kleines Geld, sowohl für echte Off-Road Fahrverhälnisse als auch für den Transport zwischendurch.

→ Erst sichern, dann Gas geben!

Die Ersatzteile müssen genau wie das Werkzeug auf Ihren Geländewagen abgestimmt sein. Für jedes Fahrzeug gibt es meistens einige Spezialwerkzeuge, aber nicht alle werden für eine große Reise benötigt. Spezialwerkzeuge für das Fahrwerk oder für eine kleinere Motorenwartung sollten jedoch mitgenommen werden. Welche Spezialwerkzeuge das sind, sollte in der Fachwerkstatt erfragt werden, ebenso deren Bezugsquellen.

Als Ersatz- und Verschleißteile können empfohlen werden:

- Stoßdämpfer 1 mal vorn und 1 mal hinten,

- 1 Keilriemen,

- 2 Ersatzräder,

- 1 Werkstatthandbuch,

- 1 Ersatzschlauch für die Reifen,

- 1 Tankdeckel,

- 2 Treibstofffiltereinsätze, 2 Luftfilter-Einsatz, 2 Ölfiltereinsätze,

- 1 Radmutter/Radschraube,

- Glühlampenset, Sicherungen und Kabelbinder,

- Keilriemen ,

- Schrauben, Muttern, U-Scheiben und Sprengringe,

- Klebeband / Panzerband ,

- Arbeitshandschuhe und Schutzbrille

- selbst verschweißendes Reparaturband.

- usw.

Am wichtigsten ist es, rollfähig zu bleiben, egal wie!

Alles kann ein „Ersatzteil" sein, hier die „Gummidichtung"!

<u>Off-Road Gesetz:</u> „Ersatzteile, die Du mit genommen hast, wirst Du nie brauchen. Ersatzteile, welche Du nicht mitgenommen hast, wirst Du brauchen!"

7)   Unterschiedliche Geländewagen im Konvoi

Wenn Geländewagen mit unterschiedlicher Ausrüstung, Ausstattung und Off-Road-Eigenschaften zusammen durchs Gelände fahren, sind einige Regeln zu beachten. Alle Geländewagen sollten sich gegenseitig ergänzen und alle Fahrer und Beifahrer das „gemeinsame Durchkommen" Ziel sehen.

Wird über weichen Untergrund gefahren, sollte das „Off-Road-schwächste" Fahrzeug vorausfahren, bevor die schwereren und „Off-Road-stärkeren" Fahrzeuge den Boden aufreißen, und anderen Fahrzeugen die Chance nehmen, den Geländeabschnitt zu durchqueren. Sollte sich das Off-Road-schwächste Fahrzeug festfahren, wären immer noch besser ausgestattete Fahrzeuge vor Ort, um den Havarierten zu bergen.

Wird allerdings im unübersichtlichen Gelände nach einer befahrbaren Wegstrecke gesucht, sollte immer das Fahrzeug mit der besten Off-Road-Ausstattung und dem erfahrensten Fahrer vorwegfahren. Sollte sich dort der Off-Road-Profi festgefahren, kann er sich selbst aufgrund seiner besseren

Ausstattung nach vorn befreien. Außerdem kann er die nachfolgenden Fahrzeuge durch die schwierige Sektion unterstützen.

Damit im Konvoi kein Fahrzeug verloren geht, gibt es die goldene Regel: „Der Vorausfahrende ist für seinen Hintermann verantwortlich, sollte der Hintermann stehen bleiben, bleibt der Vorausfahrende auch stehen". Der Konvoi setzt erst dann seine Fahrt fort, wenn das Problem behoben ist.

Fahren im Konvoi, hier Einweisung durch Beifahrer

Wenn es beim Fahren im Konvoi einmal eng wird, kann meistens nur das exakte Einweisen eines Mitfahrers helfen, den richtigen Weg zu finden, siehe hierzu Kapitel I, Titel 19.

TIPP: Beim Fahren im Konvoi ist es wichtig, dass eine Sprechverbindung (z.B. CB-Funk) zwischen den einzelnen Fahrzeugen möglich ist. Sollte dennoch nicht jedes Fahrzeug im Konvoi mit Funk ausgestattet sein, müssen zumindest das erste und das letzte Fahrzeuge Sprechfunk besitzen. Sollte etwas Unvorhergesehenes passieren, ist der Konvoi immer informiert und kann helfen.

Reifenschläuche

Ein sehr hilfreicher Trick ist das Mitnehmen von Reifenschläuchen. Auch wer schlauchlose Reifen fährt, sollte mindestens zwei der Schläuche mitnehmen. Schlauchlose Reifen können nach der Reparatur nur mit einem gewaltigen Pressluftstoß aufgepumpt werden, weil sonst die Reifenränder nicht Luftdicht an der Felge anliegen. Dieses Aufpumpen des Reifens ohne Schlauch kann nur dem gelingen, der einen entsprechend großen Lufttank mit sich führt, was aber eher selten der Fall ist. Der Reifenschlauch kann auch mit einem langsamen Luftkompressor aufgepumpt werden.

Wasserflaschen

Was gerne vergessen wird, ist das Verstauen von 1,5l-Wasserflaschen im Fahrzeug. Fast überall auf der Welt kann man diese Wasserflaschen kaufen, aber wohin dann mit den Flaschen? Das Beste ist, wenn man sich einen Behälter kauft oder baut, in dem diese Wasserflaschen hinein passen und fest verankert werden. Bei einer Wüstentour werden z. B. pro Person und Tag ca. 9 Liter Wasser benötigt! Diese große Menge an Wasser muss sicher nicht ausschließlich in Form von Wasserflaschen transportiert werden, aber in Wasserflaschen ist das Wasser einfacher zu kühlen und schmackhafter, als aus Kanistern.

Winterfahrt, Fahren auf Eis und Schnee

1) Brauchen Geländewagen Winterreifen?

Fahrer von SUV und Geländewagen sind häufig der Meinung, dass sie keine Winterreifen aufgrund des Allradantriebes und der grobstolligeren Reifen benötigen.

➔ Das ist grundlegend falsch, Winterreifen immer, auch für Geländewagen!

Durch den Allradantrieb beschleunigt der Geländewagen besser als ein zweiradgetriebener PKW. Aber das Problem ist nicht die Beschleunigung, sondern wieder zum Stehen zu kommen. Ein Geländewagen bremst wie ein konventioneller PKW, auch nur mit allen vier Reifen. Ein Geländewagen von über zwei Tonnen Gewicht hat aber eine wesentlich höhere Massenträgheit, was schon auf trockenen Straßen zu extrem langen Bremswegen führt. Diese Massenträgheit in Verbindung mit winterlichen Straßenverhältnissen und Sommerreifen erzeugt einen gefühlten Bremsweg von fast „unendlich". Genauer gesagt, der Bremsweg verlängert sich im Vergleich zu Winterreifen auf Eis und Schnee um 60% bei sonst identischen Fahrzeugen!

➔ Für schwere Geländewagen und SUV sind Winterreifen gerade beim Bremsen unverzichtbar!

Was ist ein echter Winterreifen?

Moderne Winterreifen zeichnen sich durch eine hohe Anzahl von Lamellen aus, diese sorgen für ein hohes Grip-Niveau bei Eis, Schnee und nasser Fahrbahn. Lamellen bilden Gripkanten für eine bessere Traktion. Die Wirkung der Lamellen bleibt über die gesamte Lebensdauer des Reifens erhalten.

Früher achtete man auf das M+S Logo auf den Reifen, dieses Logo bedeutet „Matsch und Schnee". Das Logo ist gesetzlich nicht geschützt und wurde entsprechend häufig auch auf grobstollige Geländereifen angebracht. Die grobstolligen Geländereifen, wie z.B. die MT-Reifen, besitzen aber eine sehr harte Gummimischung, im Vergleich zu den sehr weichen Winterreifen.

Seit einigen Jahren gibt es jetzt das Schneeflockensymbol. Dieses Schneeflockensymbol wird von der amerikanischen Straßenverkehrsbehörde NHTSA verliehen. Ein Reifen darf dieses Symbol nur dann tragen, wenn dessen Wintereignung in unabhängigen Tests nachgewiesen wurde. Somit ist der einzige Nachweis eines echten Winterreifens nur das Schneeflocken-Symbol!

2) Sind Winterreifen Pflicht?

-> Eine Winterreifen-Pflicht in Deutschland besteht seit dem 04. Dezember 2010! (Stand 12/2010)

Im Paragraph zwei (§2 Abs. 3a StVO) der Straßenverkehrsordnung heiß es seit Dezember 2010:

„Bei Glatteis, Schneeglätte, Schneematsch, Eis- oder Reifglätte darf ein Kraftfahrzeug nur mit Reifen gefahrenwerden, welche die in Anhang II Nr. 2.2 der Richtlinie 92/23/EWG des Rates vom 31. März 1992 über Reifen von Kraftfahrzeugen und Kraftfahrzeuganhängern und über ihre Montage (Abl. L 129 vom 14.05.1992, S. 95), die zulätzt durch die Richtlinie 2005/11/EG (ABl. L 46 vom 17.02.2005, S. 42) geändert worden ist, beschriebenen Eigenschaften erfüllen (M+S-Reifen).."

Dieses bedeutet: Eine ausdrückliche Pflicht zur Winterbereifung gilt nur für diejenigen, die mit ihrem Fahrzeug bei Glatteis, Schneeglätte, Schneematsch, Eis- oder Reifglätte auf der Straße unterwegs sind, auch für Kraftfahrzeuge aus dem ausland gilt die Winterreifen Pflicht!.

Wird gegen die Vorgabe aus §2 der StVO verstoßen, so ist mit einem Bußgeld in Höhe von 40,00 € und einem Punkt in Flensburg zu rechnen. Wird darüber hinaus aufgrund der falschen Bereifung der Verkehr behindert, ist mit einer Geldbuße von 80,00 € und einem Punkt zu rechnen.

Der Begriff "Winterreifen" selbst taucht in der StVO aber auch in Zukunft nicht auf. Eine Winterreifenpflicht für einen bestimmten Zeitraum (z. B. Oktober bis März) legt die StVO nach wie vor nicht fest!

Die mit M+S gekennzeichneten Reifen sind keine „echten" Winterreifen, auch wenn sie vom Gesetzgeber als Winterreifen anerkannt sind. Die Hersteller vergeben diese Bezeichnung für einen grobstolligen Reifen selber ohne Nachweise. Gerade grobe und harte Geländereifen sind aber für den Einsatz im Winter nicht geeignet.

Das Symbol „Eiskristall" ist im Gegensatz zu M+S ein geschütztes Symbol und bestätigt, dass dieser Reifen eine mindestens 20% bessere Eigenschaft im Schnee hat als ein Sommerreifen.

Anders ist die Regelung in den Nachbarländern, wie z.B. Österreich. Seit dem 1. Januar 2008 gilt die absolute Winterreifenpflicht! Diese Winterreifenpflicht gilt vom 1. November bis zum 15. April, wenn „winterliche Fahrbahnverhältnisse" herrschen! Bei Verstoß gegen die Winterreifenpflicht drohen Führerscheinentzug und hohe Geldbußen. Das gilt auch und besonders für die Transitstrecken und Transitreisende!

In Schweden z.b. müssen auch ausländiche Fahrzeuge vom 1. Dezember bis 31. März mit Winterreifen ausgerüstet sein.

3)   *Breite oder schmale Winterreifen?*

Es ist immer häufiger zu sehen, dass die Größe der Sommerreifen auch für die Winterreifen übernommen wird, dabei werden von den Automobilverbänden immer möglichst schmale und hohe Winterreifen empfohlen! Die Ursache hierfür liegt überwiegend im Eintrag in den Fahrzeugpapieren, hier ist meistens nur noch eine Größe eingetragen. Man kann sich aber im Reifenfachhandel über weitere, für Ihren Geländewagen freigegebene Reifengrößen, erkundigen.

Möglichst schmale und hohe Winterreifen

Der Vorteil von einem schmalen und hohen Winterreifen ist, dass dieser tiefer in den Schnee eindringen und sich mit dem Untergrund verzahnen kann. Ein weiterer nicht unwichtiger Vorteil der schmaleren Winterreifen ist, dass diese wesentlich preisgünstiger sind als die Originalbereifung.

Es ist nicht erforderlich, dass die „M+S-Kennzeichnung" der Reifen mit der Höchstgeschwindigkeit des Geländewagens übereinstimmen muß. Sollten die Winterreifen einen wesentlich geringeren Speed-Index (Höchstgeschwindigkeit) aufweisen, so muß gemäß §36 StVZO ein V-max-Aufkleber im Blickfeld des Fahrers auf die eingeschränkte Höchstgeschwindigkeit hinweisen.

TIPP: Immer einen möglichst schmalen Winterreifen wählen, welcher nach den Fahrzeugpapieren noch zugelassen ist. Sollten in den Fahrzeugpapieren keine Alternativen zu den Originalrädern angegeben sein, so können Sie sich an die Reifenhersteller wenden, hier bekommt man Informationen über weitere mögliche Rad- und Reifenkombinationen, mit den entsprechenden technische Freigaben.

4)   Reifenlagerung

Reifen, egal ob Sommer- oder Winterreifen, sollten lichtgeschützt mit Felgen an einer Wand hängend oder durch Gummimatten (oder ähnliches) voneinander getrennt auf dem Boden waagerecht eingelagert werden. Zu beachten ist hierbei jedoch, dass der Luftdruck um mindestens 0,5 bar erhöht wird. Jeder Reifen verliert im Laufe seines Lebens immer wieder Luft, das ist ein ganz normaler Vorgang. Profis schreiben den Einlagerungsluftdruck auf dem jeweiligen Reifen, um diesen beim Auslagern zu überprüfen, dieses gibt dann Aufschluss auf die Dichtigkeit jedes Reifens.

Verliert ein Reifen auffällig viel Luft, kann eine Beschädigung vorliegen. Bei fast 80% der Geländewagen hat sich Sand oder Schlamm zwischen Reifen und Felgenhorn geschoben und den Luftverlust verursacht. Diese Verunreinigung kann nur nach der Demontage von Reifen und Felge behoben werden.

TIPP: Wenn der Luftdruck um 0,5 bar erhöht wird und die Reifen keine Luft verlieren, können die Reifen mit Felge auch stehend gelagert werden.

5)   Motor startet bei Minustemperaturen schlecht?

Den meisten Fahrern von Dieselfahrzeugen sind Startprobleme nach dem Vorglühen unbekannt, selbst in strengen Wintern. Anders sieht es bei Benzinmotoren aus, hier gibt es teilweise erhebliche Stratprobleme! Aber woher kommt dieser Unterschied?

Kurz gesagt: Von der Batterie! Nicht weil sie alt, sonder weil sie kalt ist!

Beim Vorglühen des Diesels wird die Batterie durch Stromabgabe belastet, was die Batterie erwärmt. Wird jetzt der Diesel gestartet, kann die erwärmte Batterie auch ihren maximalen Startstrom abgeben. Anders bei dem Benzinmotor, dort wird von einer kalten Batterie verlangt, sofort den maximalen Startstrom abzugeben. Nach einigen „Orgeln" ist die Batterie erwärmt und der Motor startet. Diese Art, einen Benzinmotor zu starten belastet die Batterie beträchtlich und verkürzt somit auch die Lebensdauer. Oder kennen Sie einen „laternenparkenden" Benziner, dessen Batterie fünf Jahre hält?

TIPP: Die Lösung ist weder neu noch schwierig, einfach für ca. drei Sekunden das Abblendlicht (Fahrlicht) einschalten. Dadurch wird die Batterie erwärmt und auch der Benziner startet sofort. Diese Technik schadet der Batterie nicht, außer sie ist schon vorgeschädigt.

6)   Fahren im Tiefschnee

Das Fahren im Tiefschnee macht genauso viel Spaß, wie das Fahren auf Sand. Beides ist auch sehr ähnlich und fast vergleichbar.

Jetzt ist es wichtig, sein Allradsystem zu kennen. Wer einen Zuschalt-4WD hat, muss bei dem im Winter doch ständig wechselnden Fahrbahnbedingungen häufig zwischen Zwei- und Vierradantrieb wechseln, was im ungünstigsten Fall nur im Stand möglich ist. Das bedeutet beim Zuschalt-Allrad aber immer, dass der Kurvenradius sich deutlich vergrößert. Der Geländewagen wird zum Kurvenaußenrand geschoben, er untersteuert. Wer einen permanenten Allradantrieb besitzt, braucht hier eigentlich nichts weiter zu bedenken. Es kann aber besonders im Tiefschnee von Vorteil sein, die Mitteldifferenzialsperre einzulegen. Das Vorankommen wird dadurch vereinfacht, Vorder- und Hinterachse sind durch das Einlegen der Mitteldifferenzialsperre starr verbunden.

Fahren im Tiefschnee

Bei einer festgefahrenen Schneedecke oder Eis ist die Mitteldifferenzialsperre aber **nicht** zu aktivieren, kommt der Geländewagen einmal in den Grenzbereich (was auch bei relativ geringer Geschwindigkeit passieren kann), so kann er sich recht „zickig" verhalten. So wechselt der Geländewagen recht spontan zwischen geradeaus und über die Vorderachse schiebend, um im nächsten Moment mit dem Heck auszubrechen (dauernder Wechsel zwischen übersteuern und untersteuern).

TIPP: Deshalb : Auf festgefahrener Schneedecke und Eis bei einem Permanent-Allradantrieb keine Mitteldifferenzialsperre einlegen!

7) Fahren über einen zugefrorenen See

Das Fahren über einen zugefrorenen See zählt mit zu den gefährlichsten Abenteuern mit einem Geländewagen. Es sollte möglichst vermieden werden! Wer dennoch über eine Eisfläche fahren muss, sollte folgende Regeln einhalten:

➔ Nicht anschnallen! Eine Flucht aus dem Fahrzeug würde durchs Anschnallen erschwert!

➔ Extrem langsam auf das Eis fahren. Bei zu großer Geschwindigkeit kann sich ein Wellenschlag unter der Eisfläche bilden, der das Eis rissig und brüchig macht.

➔ Die maximale Geschwindigkeit sollte 5 bis 7 km/h nicht überschreiten. Da sich das Eis unter dem Gewicht des Geländewagens durchbiegt, wird immer eine Wasserwelle vor dem Fahrzeug hergetrieben. Sollte diese Welle auf eine Untiefe oder Uferböschung treffen, wird sie reflektiert und das poröse Eis kann brechen.

➔ Alle Fensterscheiben öffnen. Diese können im Notfall als Ausstieg benutzt werden.

➔ Alle Türen maximal öffnen, notfalls mit einem Keil oder ähnlichem blockieren. Die geöffneten Türen verhindern ein sofortiges versinken des Geländewagens wenn dieser im Eis einbricht, da die geöffneten Türen sich wie „Arme" auf dem Eis kurzfristig abstützen können. Diese kurze Zeit kann zur Flucht aus dem Geländewagen ausreichen.

➔ Sollten sie ein „Knirschen und Knacken" des Eises hören, verfallen Sie nicht in Panik und geben Sie kein Vollgas! Das Eis bricht bei Vollgas dann umso schneller.

➔ Muss die Eisfläche von mehreren Fahrzeugen überwunden werden, fahren sie einzeln! Auch ein größerer Abstand (mindestens ca. 60 Meter) verhindert den Wellenschlag, im Gegensatz zu Einzelfahrten, nicht!

➔ Denken Sie daran: Kaltes Wasser kann zu einem Kälteschock und damit zu einem Herzstillstand führen!

Leider hat das Antiblockiersystem (ABS) auch seine Tücken, wie z. B. auf verschneitem Untergrund. Statt wie gewohnt Bremswege zu verkürzen, kann es sie in der Winterzeit auch verlängern. Hintergrund ist ein physikalisches Phänomen, auf das der heutige Fahrer in modernen Autos trifft. Das ABS-System wechselt mehrmals in der Sekunde vom Blockieren der Räder zum Rollen der Räder, ist also eine Art Stotterbremse. Dadurch bleibt das Fahrzeug auch während einer Vollbremsung noch lenkbar und richtungsstabil. Früher, bis ca. 1993 war das ABS häufig abschaltbar, heute ist diese Möglichkeit grundsätzlich verboten.

Ansonsten ist das Antiblockiersystem in erster Linie verantwortlich dafür, dass das Auto weiter lenkbar bleibt, selbst wenn der Fahrer mit voller Kraft aufs Bremspedal steigt. In dieser Weise regelt ABS auch auf losem Untergrund wie Sand, Schotter, Matsch oder Tiefschnee gleichermaßen, hier aber mit deutlichen Nachteilen im Vergleich zur trockenen Fahrbahn.

Zwar verhindert ein ABS das, was gemeinhin als Rutschen verstanden wird. Dafür aber baut sich auch kein bremsender Keil aus Schnee oder anderem losen Material vor den Rädern auf, weil kurz vor der Blockade und vor dem Aufbauen eines Bremskeiles, die Bremse immer wieder gelöst wird.

Vollbremsung mit ABS vor einem plötzlich auftauchenden Hindernis

So haben Autos ohne ABS im Schnee, Schotter oder Sand wenigstens einmal einen großen Vorteil: Ihr Bremsweg ist deutlich kürzer. Allerdings sind sie weiterhin bei einer Vollbremsung nicht lenkbar. Im Auto mit ABS kann der Fahrer – wenn er sich aus seiner Schreckstarre löst – während der Bremsung noch um das Hindernis herum lenken.

9) Schneeketten, noch Platz im Radkasten?

Schneeketten gehören gerade im Gebirge in jedes Auto. Auch Ihr „4x4" braucht Schneeketten, wenn diese durch das blaue Verkehrszeichen 268 vorgeschrieben sind.

Verkehrszeichen Nr. 268 „Schneeketten sind vorgeschrieben"

Der Gesetzgeber sagt, wenn Schneeketten montiert werden, dann gehören diese auf die Antriebsräder. Aber davon hat ein Geländewagen vier Stück. Demnach müsste jeder Allradwagen vier Schneeketten montieren, was aber eher selten praktiziert wird. Wenn demzufolge nur zwei Schneeketten montiert werden, dann sollten diese bei einem permanenten Vierradantrieb auf die Vorderräder aufgezogen werden. Durch das Gewicht des Motors haben die Vorderräder die beste Traktion.

Wurden am Fahrwerk Veränderungen vorgenommen wie z. B. Spurverbreiterungen oder Veränderungen an der Rad-/Reifenkombination, so muss die Freigängigkeit der Reifen mit Schneeketten gesondert untersucht werden. Wenn es Ihnen weiterhin möglich ist Schneeketten aufzuziehen, gibt es jetzt für Sie die Möglichkeit auf stabilere Schneeketten zu wechseln, welche auch als Schlammketten zu verwenden sind. Wer jetzt noch dem Gesetz entsprechen möchte, besorgt sich gleich vier Schlamm- bzw. Schneeketten.

TIPP: Wenn bei einem Geländewagen mit permanenten Allradsystem Schneeketten nur auf einer Achse montiert wurden, so ist das Mitteldifferenzial zu sperren. Ansonsten wird das Rad mit dem größten Schlupf auf einer glatten Stelle durchdrehen!

10) Vorsicht bei dem „Trick" mit der Fußmatte!

Wer sich im Winter auf Eis oder Schnee mit durchdrehenden Rädern festfährt, kommt sehr schnell auf die Idee, die Fußmatte unter die angetriebenen Räder, bei Allradantrieb die hinteren, zu legen. Die Idee, dadurch den Reibungswiderstand zu erhöhen ist sicherlich auch richtig, jedoch wird vielfach folgender Temperaturunterschied vergessen. Die Fußmatte hat die Innenraumtemperatur des Fahrzeugs (also ca. 20°C), aus diesem Grund wird die Eisoberfläche unter der Fußmatte leicht angetaut. Der Reibwert ist dann so gering, dass die Fußmatte beim Anfahren zum Geschoss wird, also unter den Rädern weggeschleudert wird! Dieses ist eine typische Situation, wie sie sicher jeder schon einmal im Winter erlebt oder beobachtet hat.

Besser ist es, die Fußmatte ca. 5 Minuten in Eis oder Schnee zu legen und zu warten, bis sich die Fußmatte abgekühlt hat. Erst dann sollte man die Fußmatte unter die Antriebsräder legen. Nach dieser kurzen Wartezeit ist die Fußmatte soweit abgekühlt, dass sie die Außentemperatur angenommen hat und kann sich jetzt mit dem Untergrund besser verzahnen. Nur mit dieser Vorgehensweise gelingt der Fußmattentrick im Winter auch wirklich!

TIPP: Denken Sie auch beim Aussteigen im Winter an die erwärmten Schuhsolen, auch hier besteht beim Aussteigen auf Eis und Schnee erhöhte Rutschgefahr. Auch hier gilt also wie bei der Fußmatte: „Erst abkühlen, dann laufen". Die Rutschgefahr verringert sich deutlich!

11) Der Dieselmotor im Winter

Das Dieselöl ist ein „gemischter" Saft. Warm ist er flüssig aber bereits bei Temperaturen um -2°C wird er trüb und flockig.

In Ländern mit extremen Wintertemperaturen werden deshalb fast ausschließlich Benzinmotoren in den Fahrzeugen eingesetzt. Benzin hat den Vorteil, dass es im Winter nicht ausflockt oder versulzen kann. Bei Temperaturen um -7°C hat Diesel die Eigenschaft, wachsähnliche Paraffine auszubilden, die den Kraftstofffilter verstopfen und damit den Motor lahm legen.

Um dieses Problem erst gar nicht entstehen zu lassen, werden im Winter dem Diesel Additive, sogenannte Fließverbesserer beigefügt. Diese Additive verhindern das Ausflocken der Paraffine.

Der Dieselkraftstoff an den Tankstellen wird der Jahreszeit immer planmäßig, mit den jeweiligen Additiven, angepasst:

Bezeichnung	Verkauf von bis	Temperatur Bereich
Sommerdiesel	15.04. bis 15.09.	bis -02° C
Übergangsdiesel	16.09. bis 31.10.	bis -13° C
Winterdiesel	01.11. bis 29.02.	bis -22° C
Übergangsdiesel	01.03. bis 14.04.	bis -13° C

Die alten Tricks, wie sie früher bei extremen Temperaturen gebräuchlich waren, z.B. bis zu 50% Petroleum oder bis zu 30% Benzin in den Tank zu schütten, sind heute nicht mehr möglich! Gerade die heutigen Dieselmotoren, die nach dem Pumpe-Düse oder Common-Rail-Prinzip arbeiten, reagieren sehr empfindlich auf Fließverbesserer, Additive, Petroleum oder Normalbenzinzugaben. Bereits bei den geringsten Mengen können Schäden an der Einspritzanlage, aufgrund der mangelhaften Schmierung, entstehen. Hier unbedingt auf die Herstellerangaben achten!

Sollte es aufgrund nicht ausreichenden Dieselfrostschutzes dennoch erforderlich sein, zusätzlich Normalbenzin zum Diesel zu tanken, so sollte dann zusätzlich ca. 1% Zweitaktöl (notfalls auch Motoröl) mit in den Tank gefüllt werden. Das Zweitaktöl verbrennt sauber und schmiert die Dieselpumpe und das Einspritzsystem.

TIPP: Vor dem Winter sollte immer die Vorglüheinrichtung einschließlich Batteriezustand überprüft werden, sowie das Kraftstoffsystem entwässert und der Dieselfilter getauscht werden. Sollte Ihr Fahrzeug häufiger draußen in der Kälte stehen, ist es ratsam, das Motorenöl gegen ein Leichtlauföl zu tauschen.

12)   Was gehört im Winter ins Auto?

Für eine längere Fahrt im Winter sollte der Tank voll sein und ein mindestens 5-Liter-Kanister für Notfälle an Bord sein, die Notausrüstung vor der Fahrt noch einmal zu überprüfen. Hierzu nur einige Beispiele: warme Decken, etwas Proviant, Getränke und Spielzeug für Kinder. In alpinen Regionen gehören auch Klappspaten und Schneeketten dazu. Die Erfahrungen der vergangenen Jahre haben gezeigt, dass Autofahrer oftmals stundenlang in ihren Fahrzeugen ausharren mussten, weil selbst die Räum- und Hilfsfahrzeuge nicht mehr weiter kamen.

Ausrüstung die immer im Winter mit an Bord seinen sollte ist, im einzelnen:

➜   Eiskratzer, möglichst stabil und mit Gummilippe für Restfeuchte

➜ Handbesen um das Autodach vom Schnee zu befreien

➜ Arbeitshandschuhe für kalte Finger

➜ Scheibenenteiser-Spray, erspart das Eiskratzen auf der Windschutzscheibe und das sofortige wieder gefrieren

➜ Bergeseil, zur Bergung anderer oder zur eigenen Bergung

➜ Wolldecke

➜ Kekse und süße Getränke

➜ Schneeketten, zumindest ein Paar

➜ Starthilfekabel

➜ Klappspaten

➜ 5 l. Kraftstoff

Was auf keinen Fall ins Auto gehört, sondern in die Jackentasche, ist der Türschlossenteiser. Ist die Tür erst einmal eingefroren hilft der Türschlossenteiser im Auto auch nicht richtig weiter!

I) FAHREN ON- UND OFF-ROAD

Was noch fehlte, Tricks, Kniffe und Info's

1) Spurverbreiterung

Distanzscheiben, auch Spurverbreiterung genannt, werden meistens aus Leichtmetall produziert, damit die ungefederten Massen (wie z. B. Achse und Reifen/Felgen) nicht unnötig erhöht werden. Sie sind je nach Fahrzeugmodell unterschiedlich stark. Es wird nicht nur die Fahrstabilität erhöht, sondern auch der Wendekreis verringert, da der Lenkanschlag bei den meisten Geländewagen entsprechend eingestellt werden kann. Neben der verbesserten optischen Erscheinung des Fahrzeugs ist die Spurverbreiterung eine echte Verbesserung der Fahrsicherheit, da Straßenlage und Kippsicherheit spürbar erhöht werden. Die Distanzscheiben sollten möglichst immer über eine exakte Mittenzentrierung verfügen, um den Rundlauf zu gewährleisten. Sie können mit sämtlichen Leichtmetall- oder Stahlfelgen montiert werden. Ein TÜV-Teilegutachten muss immer mitgeliefert werden, da Distanzscheiben eintragungspflichtig sind.

TIPP: Auch wenn es ein TÜV-Teilegutachten für die entsprechende Spurverbreiterung gibt, muss diese nicht zwangsläufig eine Verbesserung des Fahrverhaltens mit sich bringen. Besser ist es, vor dem Kauf einer Spurverbreiterung mit einem Fahrwerksspezialisten zu sprechen und sich beraten zu lassen!

2) Der Schnorchel

Der Schnorchel, auch hochgesetzter Luftansaugstutzen genannt z. B. aus Kunststoff oder Stahl hergestellt. Er verlängert die Standzeit des Original-Luftfilters, da die Ansaugluft in entsprechender Höhe staubärmer ist. Bei Wasserdurchfahrten ist der hochgesetzte Ansaugstutzen ein Muss, da beispielsweise beim Durchfahren von fließenden Gewässern die Ansaugöffnung im Kotflügel oder oberhalb des Motors durch den Wasserschwall bereits bei geringen Tiefen geflutet werden kann.

Siehe auch Kapitel D, Titel 7.

Bei Benutzung eines Schnorchels und dem damit verbundenen längeren Ansaugweg der Luft ist es sinnvoll, auf ein Luftfiltermaterial zu wechseln, das einen geringeren Luftdurchgangswiderstand hat, als der Original-Papierfilter.

Hier gibt es auf dem Zubehörmarkt verschiedene Modelle und Möglichkeiten, z. B. ölgetränktes Baumwollmaterial.

3) Zyklonvorfilter

Der Zyklonvorfilter ist die ideale Ergänzung zum Schnorchel, in der Sahara oder überall dort, wo es sonst noch sehr staubig ist. Aber auch bei Starkregen ist man überrascht, was der Zyklonvorfilter an Wassermassen „herausfiltert"! Mit einem Zyklonvorfilter spart man sich das Mitführen von etlichen Luftfiltereinsätzen, bei manchen Fahrzeugen tritt (bei entsprechender Dimensionierung der Vorfilteranlage) auch eine Leistungssteigerung ein, resultierend aus der kreisförmigen Luftverwirbelung beim Ansaugen.

Zyklonvorfilter mit Füllstandanzeige

Aber wer nicht häufig in der Wüste unterwegs ist, oder an anderen staubigen Orten, kann sich die Anschaffung ersparen.

4) Türschlösser abkleben

Immer wieder ist zu beobachten, dass gerade in der Sahara, mit ihrem feinen Sand und Staubfahnen, bei den meisten Geländewagen die Türschlösser nicht gegen das Eindringen des Sandes geschützt wurden.

TIPP: Dabei ist es so einfach: Nur ein wenig Isolierband über den Schlitz des Türschlosses kleben und viele Probleme mit diesem Schloss entstehen erst gar nicht. Insbesondere neuere Fahrzeugmodelle sind ohnehin mit fernbedienbaren Türschlössern ausgestattet, so dass eine manuelle Betätigung nicht unbedingt erforderlich ist. Im normalen Alltagsbetrieb (z.b. in der Waschanlage) hilft dieser Trick, die Lebensdauer der Türschlösser zu erhöhen.

Abkleben der Türschlösser

5) *Chiptuning*

Die einfachste Sache, aus einem modernern Motor mehr Leistung herauszuholen, ist das „Chiptuning". Auch beim Chiptuning ist die Welt komplizierter geworden, zum einen gibt es das klassische Tuning, um auf mehr Leistung zu kommen, zum anderen gibt es das „Eco-Tuning", wo Kraftstoffeinsparungen von bis zu 25% versprochen werden. Wer auf ein Chiptuning nicht verzichten möchte, begibt sich auf rechtliches „Treibsandfeld". Die meisten „Tuner" bieten mittlerweile Garantien auf die Haltbarkeit der Motoren, aber was ist mit den Achsen, Hauptgetrieben, Verteilergetriebe, usw.? Sollte es hier zu Schäden kommen, wer trägt die Kosten?

TIPP: Wer auf der sicheren Seite stehen möchte, erkundigt sich bei seinem Fahrzeughersteller, ob ein Chiptuning für sein Fahrzeug freigegeben ist! Die meisten Fahrzeughersteller haben so etwas bereits im Angebot. Diese Angebote sind meist die teuerste Art des Chiptunings aber auch die sicherste, da die Garantie oder Gewährleistung voll erhalten bleibt.

6) Seitenschutz

Der seitliche Schutz ist bei Geländewagen besonders wichtig: Einerseits ist im Gelände die Gefahr des seitlichen Wegrutschens besonders groß, anderseits bieten sie Schutz, wenn häufig Kuppen überfahren werden. Viele Geländewagen sind gerade im Bereich der unteren Einstiegsleiste nicht geschützt und entsprechend empfindlich. Auch im alltäglichen Verkehr ist der Seitenschutz gerade bei einem seitlichen Aufprall eine wertvolle Hilfe, die Aufprallschäden können minimiert werden.

Es gibt je nach Wagentyp die verschiedensten Anbieter und Möglichkeiten, deshalb hier die am häufigsten verwendeten:

Sidebars (Rocksliders)

Sidebars (Rocksliders) sind meistens aus Aluminium oder verzinktem Stahl gefertigt. Sie werden an den Einstiegen als Ersatz für den unteren Abschluss angebaut. Es handelt sich eigentlich um eine Verstärkung des unteren Einstiegsbleches. Sidebars werden meistens über den vorhandenen Blechabschluss unterhalb der Türen verklebt oder vernietet und können als Einstiegshilfe verwendet werden. Sie werden im Allgemeinen paarweise angeboten, sind aber nicht für alle Geländewagen verfügbar.

Stepsliders (Tree Sliders)

Stepsliders ersetzen meist die ursprünglichen Einstiegshilfen oder auch Trittleisten. Sie sind in der Regel aus feuerverzinktem Stahl gefertigt und besitzen oft eine Aufnahmemöglichkeit für einen Wagenheber (z. B. Hi-Lift-Heber). Die Stepsliders ersetzten das untere Abschlussblech bei den Türen komplett und sind keine Einstiegshilfen. Sie sind deutlich stabiler als die Sidebars. Auch Stepsliders werden paarweise angeboten.

7) Welcher Wagenheber?

a) Schnellwagenheber hydraulisch

Die Schnellwagenheber hydraulisch, sind allgemeinen aus dem Rallye-Sport bekannt. Sind diese Schnellwagenheber fest im Fahrzeug eingebaut, können sie sekundenschnell ausgefahren werden, und das Fahrzeug komplett anheben. Sie haben auch den Vorteil, dass man das Fahrzeug an jeder Ecke anheben kann und die Sandbleche innerhalb von Sekunden unter die Räder schieben kann.

Schnellwagenheber hydraulisch

Als Einzelwagenheber eingesetzt, werden sie wie ein Hi-Lift-Heber angewendet und mit Hilfe eines seitlichen Hebels aufgepumpt. Der Schnellwagenheber wird, wie der Hi-Lift-Heber, an nur einem Punkt am Geländewagen befestigt. Wegen der enormen Hubhöhe können Unfälle passieren, wenn das Fahrzeug leicht seitlich versetzt angehoben wird und der Wagenheber umkippt. Dieses birgt immer dann eine große Gefahr in sich, wenn gerade kein Rad montiert ist und das Fahrzeug auf die Scheibenbremse fällt, oder noch gravierender, wenn sich gerade eine Person unter dem Auto befindet. Aber wie der Hi-Lift-Heber braucht auch der Schnellwagenheber eine Unterlage, z.B. ein „Unterlegbrett", um nicht im weichen Boden zu versinken. Der Preis dieses Systems ist allerdings hoch.

b)   Air-Jack

Besonders im Gelände auf Sand oder Fels hat der „Air-Jack" seine Vorteile. Geringer Bodendruck macht ein Versinken fast unmöglich. Voraussetzung ist eine intakte Auspuffanlage. Über diese wird der Air-Jack aufgeblasen. Soweit die Vorteile. Der große Nachteil ist seine Standfestigkeit beim Aufblasen: Da der Air-

Jack, rund und höher, als wie er breit ist, kann er beim Aufblasen sehr schnell einknicken, wobei er sich dann schief aufbläst und umkippen kann. Denn einen speziellen Aufnahmepunkt für den Air Jack gibt es am Fahrzeug nicht! Eine zusätzliche Gefahr ist es, sich an heißen Fahrzeugteilen (Auspuff) zu verbrennen.

Die Idee des Air-Jacks kommt von der Feuerwehr mit ihren Hebekissen, nur dass Hebekissen rechteckig und größer sind, somit auch einen wesentlich besseren Stand haben und nicht einknicken können. Der Air Jack hat sich in den meisten Fällen nicht bewährt und kann nicht empfohlen werden.

c)   Hi-Lift-Heber

Der Hi-Lift-Heber ist der gebräuchlichste Wagenheber in Off-Road Kreisen. Seine Vorteile sind die einfache Technik und die Möglichkeit, ihn auch zum Bergen, ähnlich einem Seilzug, einzusetzen, seine enorme Hubhöhe und natürlich die Möglichkeit, dass er einfach überall zu befestigen ist. Den Befestigungsmöglichkeiten im und am Fahrzeug sind nur durch die Phantasie Grenzen gesetzt. Der größte Nachteil ist aber die Instabilität des Hi-Lift Wagenhebers, siehe hier zu Nachteil „Schnellwegenheber-Hydraulisch. Der Hi-Lift ist einfach und stabil konstruiert, aber seine Anwendung erfordert für einen sicheren Umgang viel Übung.

d)   Hydraulischer Rangierwagenheber aus dem Bau- oder Zubehörmarkt

Max. Tragkraft: 2000 kg, Hub Höhe: 135 - 350 mm, fahrbar mit 4 Metall-Rollen, Preis ca. 15-25 €. Dieses sind in etwa die technischen Angaben der Rangierwagenheber aus dem Baumarkt. Auch wenn Sie sich wundern, dieser einfache Wagenheber ist eine echte Alternative für Expedition und Reise. Mit einigen kleinen „Tuning"-Maßnahmen hat man ganz schnell den perfekten Wagenheber gebaut.

Als erstes werden die vier Rollen demontiert und der Wagenheber auf ein stabiles Brett (ca. 50 x 60 cm) gestellt. An den vorderen Gelenkrollen müssen Distanzstücke angebracht werden, dort wo vorher die Rollen waren, jetzt wird der Wagenheber mit dem Brett durch Schlossschrauben verbunden.

Einfacher Rangierwagenheber aus dem Baumarkt

TIPP: Der jetzt entstandene Wagenheber lässt sich durch Haltevorrichtungen am Holzbrett relativ einfach und sicher im Auto verstauen. Der einzige und größte Nachteil ist, dass der Wagenheber immer nur unter der Achse in Stellung gebracht werden kann. Aufgrund der doch relativ geringen Hubhöhe kann dieser Wagenheber jedoch nicht umfallen. Weitere Vorteile sind seine einfache, leicht verständliche Technik und seine Unempfindlichkeit gegen Verschmutzung. Außerdem kann er ohne Vorbereitung sofort eingestzt werden.

e)   Original Wagenheber

Die Original Wagenheber haben meistens den Nachteil, dass sie sehr einfach konstruiert und wenig robust sind. Die Stabilität des aufgebockten Fahrzeugs ist nur auf ebenem und festem Untergrund garantiert. Dieses Kriterium trifft aber nicht auf alle Hersteller gleichermaßen zu, deshalb muss hier jeder selbst entscheiden, ob der Original-Wagenheber auch in der „Pampa" oder Sahara etwas taugt. Eine Probeanwendung auf einer schiefen Ebene kann hier schnell Aufschluss über die Tauglichkeit bringen.

8)   Unterfahrschutz

Die Unterfahrschutzsysteme werden größtenteils an vorhandenen Befestigungspunkten stabil direkt am Rahmen befestigt. Bei der Auswahl des Unterfahrschutzes ist auf zusätzliche Befestigungspunkte zur Fahrzeugbergung am Unterfahrschutz zu achten! Da es sich beim Rahmen um das stabilste Bauteil am Geländewagen handelt, ist es im Hinblick auf die Zuglast sinnvoll, den Unterfahrschutz gleich mit stabilen Bergeösen auszustatten.

Ob man dabei einen Unterfahrschutz mit kreißrunden Öffnungen (siehe Abb.) wählt, ist mehr eine Glaubensfrage als eine Tatsache. Diese Löcher sollen angeblich zur Kühlung des Motors und des Getriebes dienen und ein Festsaugen im Schlamm verhindern. Zumindest seht fest, dass sie das Gewicht des Unterfahrschutzes reduzieren.

Der Sinn eines Unterfahrschutzes ist es, Lenkhebel, Lenkschubstange und Panhardstab vor Beschädigungen zu schützen. Der Unterfahrschutz ist im Gelände unerlässlich und es ist das Erste was vor der ersten Off-Road Fahrt montiert werden sollte.

Besser ist ein Unterfahrschutz mit Bergeöse!

9)   Achsdifferenzialschutz

Der Differentialschutz schützt das Achsgehäuse der vorderen oder hinteren Starrachsen zuverlässig bei einem Anstoß im Gelände. Er besteht aus Metall oder einer hochfesten Leichtmetall-Legierung, die im gefährdeten Bereich verstärkt ist.

Achsdifferenzialschutz

Das Original Differenzial besteht im vorderen anstoßgefährdeten Bereich nur aus sehr dünnem Blech. Bei einer Kollision mit einem Hindernis wie z.b. in einer Spurrinne kann das Blech schnell durchstoßen werden, worauf hin das Differenzialgetriebeöl ausläuft! Ein Ölverlust der meistens erst sehr spät bemerkt wird, der Schaden an der Umwelt ist entsprechend.

TIPP: Der finanzielle Aufwand ist gering, der Nutzen hoch!

10)   Die Anhängerkupplung

Die Anhängerkupplung oder auch der „Tiefpflug" bei einigen Geländewagen genannt, ist meistens sehr tief und ungeschützt am Fahrzeugheck befestigt. Das Problem im Gelände ist, dass man ständig mit der Anhängerkupplung aufliegt und Hinterachse auf diese Weise „ausgehebelt" wird. Das bedeutet, dass die Räder der Hinterachse immer wieder kurzfristig den Bodenkontakt verlieren. Die größere Gefahr allerdings ist, dass sich die Anhängerkupplung beim Rückwärtsrangieren in den Untergrund bohrt, und ein weiteres Rückwärtsfahren unmöglich macht.

Viele Geländewagen besitzen eine festmontierte Anhängerkupplung. Wenn man diese nicht ständig benötigt, kann man sie bei den meisten Fahrzeugtypen zu einer „abnehmbaren" Anhängerkupplung umbauen. Hierfür muss die Anhängersteckdose vom Anhängerbock an den Rahmen des Geländewagens verlegt werden. Am Rahmen, dort möglichst weit oben angebracht, ist die Steckdose am sichersten im Geländeeinsatz.

Der Anhängerbock selbst ist häufig mit nur vier Schrauben am Fahrzeugrahmen befestigt. Werden die Kontermuttern der vier Schrauben am Rahmen angeheftet, kann man jetzt durch das Lösen der vier Schrauben sehr schnell die Anhängerkupplung entfernen und gegebenenfalls wieder montieren. Dieses ist die einfachste Art, eine „abnehmbare" Anhängerkupplung herzustellen.

11) Traktionshilfe oder doch besser Achssperre?

Was ist eine Traktionshilfe? Es ist eine elektronische Schlupfregelung, die durch automatischen Bremseingriff die Wirkung von Achsdifferenzialsperren imitiert. Schlupfregelungen werden, je nach Fahrzeughersteller, auch gerne als Traktionskontrolle oder Traktionshilfe bezeichnet. Bei der Traktionskontrolle wird in Wahrheit nichts kontrolliert oder überwacht, sondern gesteuert und geregelt, nämlich über das ABS-System. Über das ABS-System erfolgt ein Bremseneingriff zum Abbremsen eines einzelnen Rades an einer Achse, welches aufgrund mangelnder Traktion an Halt verliert und durchdreht. Dieses Rad wird dann über das ABS-System abgebremst und die entsprechende Kraft an das gegenüberliegende Rad mit der besseren Traktion weitergeleitet.

Die meisten Geländewagen haben serienmäßig, zumindest an der Hinterachse, eine Achsdifferenzialsperre. Wenn dieses bei ihrem Geländewagen nicht der Fall sein sollte, ist eine Nachrüstung in den meisten Fällen möglich.

Bei den Achssperren gibt es verschiedene Arten, die sich zum nachträglichen Einbau in das Ausgleichsgetriebe der Achsen von Geländewagen eignen.

Die Differenzial-Bremse (ist keine Sperre!), auch bekannt als Limited Slip Differential, diese reduziert den Schlupf (bekannte Marken sind z.B.: Trac-Lock, Auburn Gear, Eaton, ZF etc.). Deren Wirkungsgrad wird in % angegeben. Beispiel: Eine 40%ige Differenzial-Bremse leitet einem Rad, das noch Traktion hat, wobei das gegenüberliegende haltlos durchdreht, durch das entsprechende Abbremsen im Achsdifferenzial 40% der Kraft zu.

Automatische Sperren zum Einbau in das Achsdifferenzial (z.B. Lock-Right, EZ-Locker, etc.) oder gleich als Ersatz für den Differenzialkorb (z.B. Detroit Locker, etc.) sind nicht abschaltbar. Bei Schlupf auf rutschigem Untergrund reagieren sie automatisch durch sperren!

Manuelle Sperren (z.B. ARB, OX Locker, etc.) sind abschaltbar! Hier entscheidet der Fahrer, ob er die Sperre einschaltet oder nicht.

Alle manuellen Sperren haben eines gemeinsam: Sie erfordern umfangreiche Umbauten und Installationsarbeiten. Das Original-Achsdifferenzial wird durch das Sperrdifferenzial komplett ersetzt. Außerdem sind Umbauten für den Betätigungsmechanismus nötig. ARB und Locker erfordern Luftleitungen, ARB zusätzlich einen Kompressor, Unterdrucksperren einen Vakuum-Reservoir z.B. vom Bremskraftverstärker. Die Sperrwirkung dieser Systeme ist dafür sehr wirkungsvoll (immer 100% Sperrwirkung) und ebenso standfest im Dauerbetrieb.

Alle mechanischen Achssperren dürfen nur im Stand zugeschaltet werden. Auch wenn die Achssperre laut Ihrem Handbuch während der Fahrt zugeschaltet werden kann, unterlassen Sie dieses! Das Achsdifferenzial wird beim Zuschalten bei einer leichten Verspannung, z.b. in einer leichten Verschränkung oder Kurve, sehr schnell beschädigt.

Der Unterschied zwischen einer elektronischen Traktionshilfe (auch Traktionskontrolle genannt) und einer manuellen Achssperre ist am deutlichsten am folgenden Beispiel zu erklären: Fährt ein Geländewagen über einen glatten Untergrund, greift die elektronische Traktionshilfe erst ein, wenn ein Rad mit ca. 5 km/h schneller dreht als das gegenüberliegende Rad. Ein durchdrehendes Rad bedeutet, dieses Rad hat keine Traktion und auch keine Seitenführung mehr! Das Eingreifen des ABS Systems in der Funktion als elektronische Traktionskontrolle wird dann zum Problem, wenn sich der Geländewagen in einer Schräglage befindet und ein oder mehrere Räder die Traktion verlieren. In dieser Situation müssen die Räder mit Traktion fast schlagartig die Seitenführung der anderen Räder mit übernehmen, was aber meisten nicht mehr möglich ist. Der Geländewagen wird unweigerlich seitlich abrutschen!

Anders verhält es sich bei mechanischen Achssperren. Sind beide Achsen mechanisch gesperrt, kann es nicht vorkommen, dass ein Rad schneller dreht, als ein anderes Rad. Es können nur alle Räder gleichzeitig durchrutschen, wenn z.B. stark beschleunigt wird. In allen anderen Fällen ist es unwahrscheinlich, dass alle Räder gleichzeitig die Traktion und damit die Seitenführung verlieren. Daher ist ein Geländewagen mit mechanischen Achssperren fahrstabiler und somit sicherer zu fahren.

TIPP: Wer die Möglichkeit hat sich zwischen einer Traktionskontrolle oder einer Achsdifferenzialsperre zu entscheiden, sollte sich für die wirkungsvolleren manuellen Achsdifferenzialsperren entscheiden. Sie haben keinen Verschleiß, sind dauergebrauchsfest und störungsunempfindlich.

12) *Traktionshilfe und Achssperre kombinieren?*

Die Traktionshilfen arbeiten rein elektronisch mit Hilfe des ABS-Systems, während Achssperren rein mechanisches funktionieren und im Ausgleichsgetriebe der Achsen arbeiten.

Ausgleichsgetriebe in den Achsen haben die Aufgabe, das Drehmoment des Motors gleichmäßig auf die Antriebsräder einer Achse zu übertragen und dabei die unterschiedlichen Drehzahlen der Antriebsräder auszugleichen.

Unterschiedliche Drehzahlen resultieren aus den unterschiedlich langen Wegen, die die Räder z.B. bei Kurvenfahrt oder Fahrbahnunebenheiten zurücklegen. Ist man der Meinung, doch die Hinterachssperre zu gebrauchen, lässt man das Fahrzeug mit etwa 1-2 km/h im Leerlauf rollen. Das Einlegen der Achssperre darf nur auf gerader Strecke erfolgen, jedoch niemals im Verlauf einer Kurve oder bei starker Unebenheit. Die Räder einer Achse würden sonst unterschiedliche Wegstrecken zurücklegen, also unterschiedlich schnell laufen, wodurch es beim Einlegen der Achssperre zu Beschädigungen am Differenzial kommen kann. Es wird erst dann Gas gegeben, wenn die Kontrolllampe anzeigt, dass die Sperre auch wirklich eingerastet ist. Die Sperre sperrt den Drehzahlausgleich in der Achse, jetzt drehen die Räder einer Achse immer mit der gleichen Radumdrehung, egal ob eine Kurve oder Unebenheit befahren wird. Man sperrt die Achse nur so lange, wie es unbedingt nötig ist. Denn: Sollte man jetzt eine enge Kurve befahren wollen, dreht das kurveninnere Rad exakt so schnell wie das kurvenäußere Rad. Jetzt wirken gewaltige Kräfte (Drehmomente) auf den kompletten Antriebsstrang. Warnung: Ein gesperrtes Hinterachsdifferential kann deshalb auf festem Untergrund (z.B. Asphalt) beschädigt oder zerstört werden. Die Sperre entriegelt man am besten während der Fahrt mit geringer Geschwindigkeit oder im Leerlauf. Auf gar keinen Fall während einer Verschränkung oder im Verlauf einer Kurve. Weder beim Zuschalten der Sperre noch beim Entriegeln darf eine Kraft über den Antriebsstrang geleitet werden.

Aber kann man jetzt beide Systeme kombinieren?

Mercedes-Benz G, mit Achssperren und Traktionskontrolle

Ja, es geht! Aktuelles Beispiel ist der Mercedes G. Auch andere Geländewagen mit serienmäßiger Traktionskontrolle werden teilweise mit manuellen Achssperren nachgerüstet, auch hier funktioniert es. Eigentlich ist es ganz simpel. Traktionskontrollen funktionieren nur achsweise, nur wenn ein Rad an einer Achse durchdreht, wird es über das ABS-System gebremst. Also nur ein Rad, dass schneller als das gegenüberliegende dreht, wird vom Traktionssystem abgebremst! Daraus folgt: Diese Kombination eine perfekte Verbindung!

13)   Schaltgetriebe oder Automatikgetriebe ?

Unter den Geländewagenfahrern gibt es immer wieder Kontroversen zum Thema Automatik- oder Schaltgetriebe. Dieses wäre in den USA keine Frage. Noch aber stellt sich in Europa diese Frage, obwohl immer mehr Geländewagen in der Luxusklasse nur noch mit Automatikgetriebe ausgeliefert werden.

Ein genereller Nachteil der automatischen Getriebe ist die längere Übersetzung in den einzelnen Gängen. Ein Nachteil besonders bei steilen Bergabfahrend ist die unzureichende Verzögerungswirkung des Motors, es muss leicht mit der Fußbremse nachgeholfen werden. Beim Bremsen besteht aber generell die Gefahr, dass die Vorderachse „überbremst" und der Geländewagen quer zum Hang rutscht. Ein moderneres Automatikgetriebe mit teilweise bis zu sieben Schaltstufen sollte dieses Problem jedoch nicht mehr haben!

Probleme können Geländewagen mit Automatikgetriebe im weichen Sand bekommen. Der kritische Punkt ist die Temperatur des Automatik-Öls: Sie kann auch heute noch zu Kühlungsproblemen, z.B. während des Anhängerbetriebs bei Steigungen führen. Das Problem ist der ständige Wärmeeintrag durch den dauernden Wandlerbetrieb bei Geschwindigkeiten unter 80 Km/h bereits im Straßenbetrieb.

Die Lösung kann sein (wenn es möglich ist), die Untersetzung einzulegen und zu versuchen, schneller als 30 Km/h zu fahren! Selbst wenn es nur für 10 Sekunden gelingt, in der Untersetzung mit der Fahrstufe „D" zu fahren, sinkt die Getriebeöltemperatur von ca. 160°C auf bis zu 120°C. Die Automatik kann jetzt wieder greifen. Wird weiter in der Untersetzung gefahren, sinkt die Temperatur schnell auf unter 100°C! Anhalten und den Motor für ca. 10 min im Leerlauf zu belassen, bringt dagegen meistens nichts! Bei den meisten Fahrzeugen wird das Automatik-Öl zur Kühlung durch den Motorkühler geführt. Dadurch besteht die Gefahr, dass auch der Motor überhitzt!

Zu beachten ist, dass teilweise spezielle Ölsorten erforderlich sind, die nicht überall auf der Welt erhältlich sind! Deshalb bei einem Automatikgetriebe immer mindestens einen Liter Automatiköl mitnehmen.

Das Überhitzen des Automatikgetriebes macht sich dadurch bemerkbar, dass das Fahrzeug stehen bleibt, als ob der Motor keine Kraft mehr hätte. Abhilfe kann hier nur ein größerer Automatik Ölkühler verschaffen. Dieses Problem ist bis heute bei einigen Herstellern noch nicht gänzlich beseitigt. Sollten Sie eine größere Reise in heiße Regionen unternehmen, erkundigen Sie sich im Internet oder bei entsprechenden Off-Road Clubs nach diesen Überhitzungsproblemen. Eine Anfrage bei Ihrer Werkstatt hat meisten keine große Aussagekraft!

Einige Hersteller versichern, dass das Problem, aufgrund geänderter Arbeitsweisen des Automatikgetriebes nicht mehr auftreten kann.

Viele moderne Geländewagen mit schaltgetriebe können aufgrund von Sicherheitsvorschriften nur mit betätigter Fußbremse gestartet werden, so wie man es von Automatikfahrzeugen kennt. Damit soll das unbeabsichtigte Losfahren des Fahrzeugs bei einer Fehlbedienung verhindert werden. Diese Sicherheitseinrichtung lässt sich aber bei den meisten Geländewagen in der Fachwerkstatt deaktivieren, was im Gelände vom entscheidenden Vorteil ist, siehe hierzu Kapitel C, Titel 12.

Beim Schaltgetriebe gibt es bei einer längeren Bergaufstrecke immer das Problem, schalten zu müssen, was das sofortige Stehenbleiben am Hang bedeutet, hier ist ein Automatikgetriebe eindeutig im Vorteil. Das gleiche Problem gibt es auch bei Weichsand-, Schlamm oder Dünenpassagen, also immer, wenn mit Schwung gefahren werden muss, aber nicht geschaltet werden darf! Besonders in Geländebschnitten, wo millimetergenaues Fahren erforderlich ist, kommt man mit einem Schaltgetriebe schnell an seine Grenzen. Es sei denn, man fährt mit schleifender Kupplung. Beim Automatikgetriebe kann in solchen Fällen immer leicht mit der Fußbremse verzögert werden.

TIPP: Ein Automatikgetriebe ist im Gelände sehr zu empfehlen, allen Automatik-Skeptikern wird eine Testfahrt im Gelände empfohlen, besonders in den Dünen. Denn auch ungeübte Laien können nichts falsch oder kaputt machen. Wenn die beiden Nachteile (lange Übersetzung und Temperatur Probleme) mit denen die Automatikgetriebe bislang zu kämpfen hatten, der Vergangenheit angehören, gibt es eigentlich keine Alternative zum Automatikgetriebe!

14) An- und Abschleppen mit Automatikgetriebe

Auch bei allen Vorteilen die ein Automatikgetriebe im Gelände bietet, gibt es immer noch den Nachteil des An- und Abschleppens.

Ein Fahrzeug mit einem Automatikgetriebe verwendet einen so genannten Drehmomentwandler, der die Funktion einer mechanischen Kupplung übernimmt. Für gewöhnlich erfolgt die Kraftübertragung vom Motor zu den Antriebsrädern per Hydraulikflüssigkeit (ATF-Öl). Je nach Bauart des Automatikgetriebes wird bei geringer Drehmomentanforderung und/oder höheren Fahrstufen der Wandler durch Kupplungen überbrückt, die allerdings nichts mit der mechanischen Kupplung eines Handschaltgetriebes gemeinsam haben. Das größte Problem beim An- bzw. Abschleppen ist aber, dass die

Getriebeölpumpe nur bei laufendem Motor in Betrieb ist. Bei ausgeschaltetem Motor ist die Versorgung des Getriebes mit Hydrauliköl nicht mehr gewährleistet.

Einige Modelle der Mercedes-Benz G Klasse   haben eine zweite Pumpe im Getriebe, die von der Hinterachse angetrieben wird. Die Automatikfahrzeuge dieser Modelle können somit an- bzw. abschleppen werden.

Wer ein Automatikfahrzeug besitzt, sollte einmal in sein Handbuch sehen. Dort ist genauestens erklärt, wie und unter welchen Umständen das Fahrzeug abgeschleppt werden darf, oder nicht.

Die Automatik auf „N" stellen und nach der alten Formel 50x50 (maximal 50km/h, maximal 50km weit) fahren, stimmt heute schon lange nicht mehr.

Das An- bzw. Abschleppen mit einem Automatikgetriebe sollte nach Möglichkeit immer unterbleiben. Besser ist es, den Geländewagen mit Hilfe eines Überbrückungskabels zu überbrücken.

TIPP: Als einigste Möglichkeit in einer Notsituation zum Anschleppen eines Geländewagens mit Automatikgetriebe bleibt nur, das Fahrzeug auf 50 km/h zu beschleunigen und ca. 1 km bis 2 km so fahren, bis sich das Getriebeöl erwärmt hat und im Getriebe auch ohne Ölpumpe verteilt hat. Anschließend den Wählhebel von „N" auf „D" schalten.

15)   Luftfederung

Die Luftfederung hat die gleichen Aufgaben wie die Schrauben-, Blatt- oder Torsionsstabfederung im Fahrwerk bei den Geländewagen.

Vorteile der Luftfederung gegenüber der Stahlfederung sind die ruhige und komfortable Fahrweise und die variable Fahrzeughöhe. Alle modernen Luftfedersysteme werden heute elektronisch gesteuert und kontrolliert, so wird beispielsweise über Niveauregelungsventile der Druck in den Gummibalgen (oder auch Luftbälgen) so geregelt, dass die Wagenhöhe unabhängig von der Belastung konstant bleibt. Bei Luftmangel oder defekten Gummibalgen senkt sich der Geländewagen auf eingebaute mechanische Notlauffedern ab, ein komfortables Abfedern des Fahrzeugs ist dann nicht mehr möglich.

Bei den meisten Geländewagen mit Luftfederung können außer der normalen Straßenhöhe weitere manuell einzustellenden Höhen gewählt werden. Zum Ein- und Aussteigen kann das Fahrzeug ca. 50mm unter Normalniveau abgesenkt werden, für das Gelände um ca. 55mm über Straßenniveau angehoben und im

Notfall um zusätzlich um weitere 15mm angehoben werden (je nach Modell und Marke unterschiedlich).

Die Luftfederung hat viele Vorteile (Aufzählung gilt nicht für alle Fahrzeuge) und das nicht nur im Gelände:

1) Geringe Gewicht.
2) Variable Einstellungmöglichkeit der Boden- / Bauchfreiheit
3) Einfacheres Ankoppeln eines Anhängers durch Absenken der Federung und anschließendem Anheben beim Ankoppeln
4) Höhere Fahrsicherheit durch automatische Niveuregulierung im Hängerbetrieb und/oder hoher Zuladung
5) Höherer Fahrkomfort bei langsamen Geschwindigkeiten auf Buckelpisten
6) Die Federkennlinie einer Luftfeder ist „progressiv", was bedeutet, die Kraft nimmt überproportional mit dem Weg des Einfederns zu! Dadurch ist ein Durchschlagen, wie es bei Schraubenfedern vorkommen kann, nicht möglich
7) Kraftstoffeinsparung durch automatisches Absenken bei bestimmten Geschwindigkeiten (z.B. 120 km/h, 160 km/h)
8) Einfachere Beladungsmöglichkeit im abgesenkten Modus z.B. Montage eines Dachträgers)
9) Höheren Hindernissen können überfahren statt umfahren werden
10) Leichteres Ein- und Aussteigen im abgesenkten Modus
11) Fahrzeug kann bei der Einfahrt in ein niedriges Parkhaus im „Aussteige Modus" abgesenkt und fixiert werden.
12) Die Luftfederung kann über einen Zentralrechner im Zusammenspiel mit Achssperren, Traktionskontrollen, usw. für Off-Road-Strecken kombiniert werden (siehe Titel 16).

Die Luftfederung hat aber auch einige Nachteile, wie z. B. :

1) Im oberstem Niveau können die prall gefüllten Luftbälge bei leichten Beschädigungen platzen
2) Beschädigte Luftbälge können nicht einfach repariert oder geflickt werden
3) Sollte das System/Elektronik beschädigt sein, kann sich die Karosserie bei einigen Geländewagen Modellen bis auf die Reifen absenken. Ein weiterfahren ist dann unmöglich
4) Bei älteren Systemen: Schleichender Luftverlust möglich
5) Komplizirter Aufbau und höhere Defektanfälligkeit im Vergleich zur Stahlfederung. Allerdings wurde die Qualität in der letzten Zeit auch hier erheblich verbessert.

TIPP: Befassen Sie sich, bevor Sie ins Gelände fahren, einmal mit den Möglichkeiten, die Ihnen ihre Luftfederung bietet. Es gibt eine Technik, um das

Fahrwerk bis zum obersten Niveau hochzufahren (Stelzfunktion). Diese ist teilweise recht kompliziert zu aktivieren. Üben Sie dieses, bevor sie im Gelände festsitzen!

16) Das elektronische Einstellen des Geländes

Mittlerweile bieten mehrere Hersteller ein innovatives System zur Einstellung der verschiedensten Geländeformationen an. Auf dem Markt sind verschiedene Hersteller die unterschiedliche Systeme anbieten. Z.B. PEUGEOT 3008 mit dem sogenannten Grip Control, Jeep Grand Cherokee hier als Selec-Terrain bezeichnet, Toyota Land Cruiser mit dem Multi-Terrain-Select-System und Land Rover mit dem Terrain Response-System.

Bei diese OFF-ROAD Assistenzsystemen kann der Fahrer über einen Drehschalter zwischen vier bzw. fünf Geländeeinstellungen wählen (z.B. Autobahn, Waldweg, Felsen, Schlamm, Sand usw.). Je nach gewähltem Modus werden alle Traktionseinstellungen (Fahrwerk, Fahrzeughöhe bei Luftfederung, Getriebe, Motormanagement, Bergabfahrkontrolle und Differentiale) neu konfiguriert.

In typischen Off Road-Situationen ist es mit diesen Systemen möglich z.B. mit komplett offenem Längs- oder Querdifferenzial (Weichsand) oder komplett gesperrtem Längs- und Querdifferenzial (bei Felsenklettern) zu fahren.

Besitzer von Traktionshilfen sollten bei der Einstellung des entsprechenden Geländemodus wissen, welche Veränderungen sie an den Sperren (Differenzialen), an der Elektronik und am Motormanagemant bewirken.

Wird z.B. die Einstellung Gras/Schnee gewählt, hat das unmittelbaren Einfluss auf alle Traktionseinstellungen: Im Vergleich zum Straßengang wird das Drehmoment des Motors dosierter, also feinfühliger abgegeben. Die Antischlupfregelung reagiert sensibler und schneller. Die Automatik fährt nur noch im zweiten Straßengang bzw. im dritten Geländegang an.

Bei anderen Geländemodi sind die Veränderungen ähnlich umfangreich!

Welche Einstellung ist aber zu wählen, wenn Sie z.B. einen tiefen Graben durchqueren wollen?

Wenn man sich die Fahrtechnik der Grabendurchquerung einmal durchdenkt, wie z.B. maximale Bodenfreiheit, maximale Achsverschränkung, spontane Gasannahme, werden Sie schnell auf die Einstellung „Felsenklettern" oder „Felsenkriechen" (je nach Fahrzeugmarke) kommen. Denn nur hier sind alle Kriterien, die zur Grabendurchquerung benötigt werden erfüllt.

TIPP: Lassen Sie sich von Ihrem Verkäufer die genauen Einstellungen, auch mit den Veränderungen in der Elektronik, genau erklären. Schreiben Sie diese notfalls auf, wenn im Handbuch keine genauen Erklärungen zu finden sind!

17) Wenn die Elektronik den Geländewagen stoppt!

Viele Geländewagen sind mit dem ESP (Elektronische Stabilitätsprogramm) und einem ETS (Elektronische Traktions System) ausgerüstet. Bei gleichzeitigem Betrieb kann es leicht passieren, dass sich beide Systeme „schachmatt" setzen.

Bekommt ein Rad im weichen Untergrund Schlupf (Rad dreht durch), so greift das ETS ein und bremst dieses Rad ab, um das gegenüberliegende Rad mit mehr Drehmoment zu versorgen. Das ESP geht, aufgrund seiner Programmierung, davon aus, dass der Geländewagen sich in einer instabilen Fahrsituation befindet und versucht nun ebenfals durch Bremseneingriff diese Situation zu regulieren. Der Fahrer bemerkt, dass der Wagen nun an Schwung verliert und gibt Vollgas. Das ESP reduziert in diesem Moment die Motorleistung, mit der Folge, dass der Geländewagen bereits an einer leichten Steigung und trotz eventuell hoher Motorleistung einfach stehenbleibt.

Auch wenn diese Systeme im Normallfall sehr hilfreich sind, so ist das System an Steigungen und bei weichen Untergründen nicht zu gebrauchen. In diesen Fällen sollte das ESP deaktiviert werden, das ist in der Regel bei allen Fahrzeugen möglich.

TIPP: Sollte der Motor einmal neu gestartet werden müssen, so ist das ESP erneut zu deaktivieren!

18) Die Schwächen des eigenen Geländewagens

Wer die Schwächen seines eigenen Geländewagens kennt, kennt auch dessen Stärken! Jeder Geländewagen hat irgendwo seine „Achillesferse", nur man muss diese kennen, um diese Schwächen nicht noch zu fördern.

Als Informationsquellen über die Schwachstellen dienen im allgemeinen Off-Road-Treffs, Clubs, das Internet und andere Fahrer des gleichen Modells.

➜ Nicht vergessen, jede Möglichkeit des Übens mit dem Geländewagen nutzen, denn nur Übung macht den Off-Road Meister!

TIPP: Als Vorteil hat sich hier auch der Besuch einer guten Geländewagen-Fahrschule erwiesen. Ein guter Fahrlehrer kann einige Tipps und Hinweise zum eigenen Geländewagen oder weiterführende Informationen geben.

19)   Handzeichen, Einweisung durch den Beifahrer

Wenn es im Gelände sehr eng wird, ist die Zeit des Einweisens durch einen erfahrenden Beifahrer gekommen. Die verwendeten Handzeichen, müssen vorher schon eindeutig geklärt sein, Fantasie sollte woanders benutzt werden!

Gerade beim Rückwärtsfahren im Gelände gilt : nie ohne Einweisung!

Die wichtigsten Regeln beim Einweisen sind:

➡ Die Einweisung des Fahrers erfolgt ausschließlich durch nur einen Einweiser.

➡ Der Einweiser hat sich immer im uneingeschränkten Sichtfeld des Fahrers aufzuhalten. Hierbei gilt: „Kann ich den Fahrer nicht sehen, kann er mich auch nicht sehen!"

➡ Beim Einweisen ist auf einen ausreichenden Sicherheitsabstand vom Fahrzeug zu achten.

➡ Als Einweiser niemals im Gelände rückwärts laufen, Stolpergefahr! Lieber den Geländewagen stoppen und eine neue Standposition suchen.

➡ Der Fahrer konzentriert sich nur auf den Einweiser und versucht nicht „mitzudenken". Jedes eigenmächtige Lenken oder Fahren gefährdet den Einweiser. Dem Fahrer fehlt es in dieser Situation sowieso an Übersicht, sonst bräuchte er keinen Einweiser!

Im Bereich „Off-Road" haben sich diese eindeutigen Handzeichen „eingebürgert":

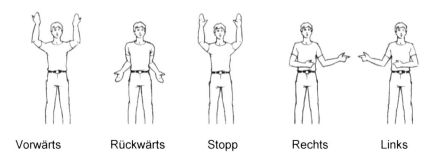

| Vorwärts | Rückwärts | Stopp | Rechts | Links |

TIPP: Es ist immer darauf zu achten, dass mit beiden Händen eindeutige Zeichen gegeben werden. Auch wenn es mit einer Hand lässiger aussieht, immer mit beiden Händen anzeigen. Sollte der Einweiser einmal zur Hälfte aus dem Blickfeld verschwinden, ist aber immer noch eine Hand zu sehen.

20)   Navigation

„Navigation ist wenn man trotzdem ankommt!"

Jeder, der abseits aller Straßen und Wege fährt, sollte ein Grundwissen an Navigation, Kartenkunde und GPS haben. Sich dieses Wissen anzueignen ist eine sehr komplexe Aufgabe. Deshalb ist das Kapitel Navigation hier nur der Vollständigkeit halber erwähnt. Die Navigation ist ein derart umfangreiches Thema, dass dieses allein schon Bücher füllt. Im Buchhandel gibt es einige sehr gute Bücher, die sich diesem Thema ausführlich widmen. Ein Selbststudium ist hier sehr zu empfehlen.

„Wenn Du weißt wo Du bist, kannst Du sein wo Du willst!"

Ebenso zu empfehlen ist die Teilnahme an den häufig angebotenen Wochenend-Road-Book-Touren. Hier können die ersten Erfahrungen im Umgang mit GPS, Landkarte und Road-Book gesammelt werden.

TIPP: Wer sich ein Navigationssystem kaufen möchte, sollte sich von einem Fachmann mit entsprechender Reiseerfahrung beraten lassen. Dieser kann dabei helfen, für jede gewünschte Anwendung (z.B. Straßennavigation, Rallye, Road-Book-Touren oder Expeditionen) das optimale Gerät auszuwählen.

J)   On- und Off-Road

Fahren mit dem Anhänger

1)   Gespannfahren muss man trainieren

Nicht nur das Rangieren mit einem Anhänger treibt so manchem Autofahrer die Schweißperlen auf die Stirn. Auch ein im Rückspiegel „tanzender" Anhänger während der normalen Fahrt kann nervös machen.

Die Länge des Gespanns, das im engeren Sinne auch als Mini-LKW zu bezeichnen ist, ist teilweise erheblich. Ein Anhänger ist oft länger als das Zugfahrzeug. Alle nachfolgenden Titel können nur Hinweise für das korrekte Fahren sein, in der Praxis muss jeder für sich die Fahrtechniken üben. Hier kann die Devise nur heißen: „Übung macht den Meister"!

2)   Passt das Zugfahrzeug zum Anhänger?

Vor einigen Jahren war die Fragestellung noch umgekehrt, aber mit der neuen Führerscheinverordnung ist nun diese Fragestellung die bessere.

Denn seitdem gilt, der Anhänger darf grundsätzlich nicht schwerer sein als das Zugfahrzeug! Außer bei Geländewagen, hier darf der Anhänger um die Hälfte schwerer sein als das Zugfahrzeug! Aber maßgeblich ist immer die Anhängelast in dem entsprechenden Fahrzeugschein und diese Angaben haben auch Vorrang vor den gesetzlichen Bestimmungen. Die absolute Obergrenze bei den Anhängern liegt bei 3,5 t. Dieses Maximalgewicht kann auch nur von Geländewagen bewältigt werden, denn diese dürfen den 1,5-fachen Wert ihres Eigengewichtes ziehen!

Achten Sie in diesem Zusammenhang auch auf Ihren Führerschein, wenn Sie bereits den neueren in Scheckkartenformat besitzen. Auch wenn Ihr Fahrzeug einen 1.000 kg Anhänger ziehen darf, muss dieses nicht für den Fahrer gelten!

TIPP: Wenn Sie immer denselben Anhänger ziehen, wie z.B. einen Pferdeanhänger oder einen Wohnwagen, so müssen Sie Ihren Geländewagen nach dem zulässigen Gesamtgewicht Ihres Anhängers aussuchen!

3) Die Stützlast

Die Stützlast, also das Gewicht mit dem der Anhänger auf die Anhängerkupplung drückt, beeinflusst die Fahrsicherheit ganz entscheidend. Den besten Eindruck gewinnt man dann, wenn man, Zugfahrzeug und Anhänger aus einiger Entfernung betrachtet, hierbei müssen Zugfahrzeug und Anhänger eine gerade Linie bilden. Zeigt sich an der Anhängerkupplung ein Knick nach oben oder unten, kann das Gespann leicht ins Schleudern kommen und der Bremsweg verlängert sich entscheidend.

Gesetzlich vorgeschrieben (StVZO-§44) ist, dass mindestens 4% aber nicht mehr als 25Kg des derzeitigen Anhängergewichtes auf die Anhängerkupplung drücken müssen. Nach oben ist die Stützlast durch die Angaben auf dem Typenschild der Anhängerkupplung oder der Zugdeichsel des Anhängers begrenzt. Weichen beide angegebenen Werte voneinander ab, so gilt immer der niedrigere Wert! Dieser Wert ist dann auch auf die Anhängerkupplung anzubringen! Nur wenn die erlaubte Stützlast voll ausgenutzt wird, läuft der Anhänger spurtreu und sicher hinterher. Die Straßenlage des gesamten Gespanns wird durch die richtige Stützlast beeinflust.

TIPP: Um zu überprüfen, ob die Stützlast mit den gesetzlichen Vorgaben übereinstimmt, kann eine haushaltsübliche Personenwaage benutzt werden, indem eine Holzlatte in passender Größe unter die Deichselspitze des beladenen Anhängers geklemmt wird und diese auf die Waage gestellt wird. Nun kann die momentane Stützlast abgelesen werden.

4) Das richtige Beladen des Anhängers

Anhänger sind so konstruiert, dass bestimmte Grundregeln einzuhalten sind. Diese Grundregeln gilt es immer einzuhalten. Ausnahmen sind Spezialanhänger zur Beförderung einer ganz bestimmten und sich nicht ändernden Last, wie z.B. Pferdeanhänger.

Bild 1: Falscher Beladungszustand

Ist die Ladung zu weit vorne positioniert, wird die Vorderachse stark entlastet (Stützlast zu hoch!) wodurch das Brems- und Lenkverhalten in gefährlicher Weise verschlechtert wird. Bei reinem Frontantrieb kann es zudem noch starke Probleme beim Anfahren geben. Diese Art des Beladens eines Anhängers wird im Straßenverkehr am häufigsten angetroffen!

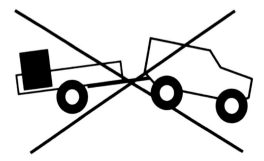

Bild 2: Falscher Beladungszustand

Wenn die Ladung zu weit hinten positioniert wird, entlastet das die Hinterachse (negative Stützlast!). Da die Hinterachse die wichtigste Achse des Zugfahrzeugs ist (siehe Kapitel B, Titel 8), besteht hierbei die größte Schleudergefahr für das gesamte Gespann! Auch das Beladen des Kofferraums des Zugfahrzeugs als Gegengewicht ist der falsche Weg, dadurch wird die „Auf und ab"-Bewegung des Fahrzeughecks noch verstärkt und das Zugfahrzeug gerät augenblicklich außer Kontrolle! Durch das Anheben des Fahrzeughecks vergrößert sich auch hier der Bremsweg um mehr als das Doppelte, wenn das Gespann nicht vorher schon außer Kontrolle gerät. Ein Anfahren nur mit Heckantrieb ist nur mit großen Problemen möglich.

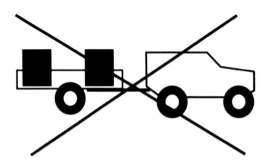

Bild 3: Falscher Beladungszustand

Auch wenn hier alles richtig erscheint, da die Ladung möglichst weit nach vorne und möglichst weit hinten platziert wurde, dadurch die Stützlast im erlaubten Bereich liegt, ist auch dieser Beladungszustand falsch! Durch die Position der Ladung, nämlich weit auseinander, ist über der Achse kein Gewicht angeordnet. Ist der Anhänger nicht spziell für diese Art der Ladung gebaut worden (verstärkter Rahmen), kann er sich ähnlich einer Blattfeder verhalten! Wird ein derart beladener Anhänger mit höherer Geschwindigkeit über lange Bodenwellen gefahren, so federt der Rahmen des Anhängers unter dieser Last. Dieses Federn des Rahmens wird durch die eventuell vorhandene Federung und das „Mitfedern" des Reifens noch verstärkt: Innerhalb kürzester Zeit verstärkt sich die Eigenschwingungsamplitude derart, dass der Anhänger sogar anfängt zu springen!

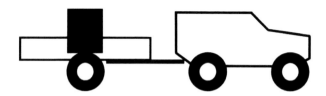

Bild 4: Richtiger Beladungszustand

Beim Beladen ist darauf zu achten, dass die Achse immer mit dem größtmöglichen Gewicht belastet wird. Wenn die Ladung jetzt noch ordnungsgemäß gesichert ist, vergrößert sich der Bremsweg nur minimal und das bei einer guten Straßenlage!

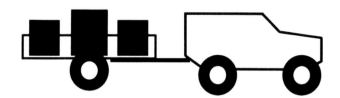

Bild 5: Richtiger Beladungszustand

Bei „Flächen-Ladungen", wie z.B. einzelne Kisten oder Schüttgüter, ist es wie im Bild 5 dargestellt, wichtig, dass die Hauptlast im Bereich der Achse konzentriert wird. Das bedeutet, dass die schwersten Gegenstände in der Mitte des Anhängers, also im Bereich der Achse, platziert werden müssen. Wenn der Anhänger nicht überladen wird, haben Sie so eine optimale Straßenlage.

Zum Thema Ladungssicherung ist im Kapitel G, Titel 5, bereits sehr viel geschrieben worden. Dennoch gibt es für Anhänger noch einige Ausnahmen. Jede Ladung, egal ob Propangasflaschen, Bauschutt oder ungesicherte Möbel, gefährdet bei einer Vollbremsung nicht nur die Gesundheit des Fahrers sondern auch die von unbeteiligten Personen.

Bei einer Vollbremsung wird selbst ein leichter Gartenstuhl zu einem Geschoss!

Zum variablen Sichern der Ladung bieten sich die „Airline-Schienen" an, welche auch nachträglich noch an eine stabile Bordwand oder auf dem Anhängerboden befestigt werden können. Die meisten offenen Anhänger besitzen vom Werk aus Befestigungspunkte an den Seitenwänden, hier ist allerdings auch die maximale Last zu beachten. Als das Einfachste und Schnellste haben sich speziell für den Anhänger hergestellte Netze oder Planen erwiesen, welche an den originalen Befestigungspunkten stabil verankert werden.

Für eine „spezielle" Ladung gibt es auch immer eine spezielle Art der Ladungssicherung, wie z.B. bei Pferden, welche mit einer „Bruststange" gegen das Rutschen nach vorn gesichert werden können. Auch wenn Sie Pferde transportieren, haben Sie keine Angst vor einer Vollbremsung, denn eine Vollbremsung können Pferde sehr gut „ausbalancieren". Denn was wäre die Alternative zur Vollbremsung? -Der Aufprall- und den balanciert kein Pferd mehr aus!

Wer häufig verschiedenste Ladungen transportiert, sollte sich rutschhemmendes Material, z.B. Antirutschmatten in der passenden Größe für den Anhängerboden, zulegen.

Denn streng nach den Vorgaben der Norm und Richtlinien ist die Ladung mit 80% des Eigengewichtes zu den Seiten und mit 50% des Eigengewichtes nach hinten zu sichern. Einen Teil dieser Sicherung können Antirutschmatten übernehmen. Zum Beispiel bedeutet ein Gleitreibwert von $\mu=0,1$, eine Ladungssicherung von 10%.

Hier einige Gleitreibwerte:

Metall auf Holz	μ ca. 0,2	entspricht 20% Ladungssicherung durch Reibung
Holz auf Holz	μ ca. 0,3	entspricht 30% Ladungssicherung durch Reibung
Antirutschmatte	μ ca. 0,6	entspricht 60% Ladungssicherung durch Reibung

Die noch fehlende Ladungssicherung, die zum erreichen der 100 Prozent erforderlich ist, ist durch andere Maßnahmen wie z.B. das Niederzurren mit Hilfe von Gurten zu erreichen.

TIPP: Ladungssicherungsgurte sollten für mindestens das doppelte Gewicht der zu sichernden Ladung zugelassen sein!

6)   Der Fahrstil mit Anhänger

Die Fahrweise mit Anhänger (z.b. Wohnwagen) kann aufgrund des vergrößerten „Gesamtradstandes" und des dadurch größeren Wendekreises nur defensiv sein. Für eine angenehme Fahrt mit einem Anhänger gibt es daher einiges zu beachten.

Da sich der Wendekreis, je nach der Länge des Anhängers, deutlich vergrößert, muss der Fahrer dieses in jeder Kurve berücksichtigen. Jeder, der einmal im Winter auf einer frisch verschneiten Straße abgebogen ist, wird sehen, dass die Hinterachse seines Fahrzeugs einen kleineren Radius durchfährt, als die Vorderachse. Dieses Versetzen der Spur ist umso größer, je länger der Radstand des entsprechenden Fahrzeuges ist! Besonders die Achse eines Anhängers durchfährt einen sehr engen Radius! Dieser Radius ist umso enger, je länger der Anhänger, also der Gesamtradstand ist. Deshalb Kurven immer größer ausfahren, als üblich.

Beim Treibstoffverbrauch ist das Gewicht des Wohnwagens (auf gerader Strecke) nicht das wichtigste, denn der Treibstoffverbrauch wird beeinflusst durch den Rollwiderstand der Räder und Achsen. Auf gerader Strecke ist hauptsächlich der Luftwiderstand das entscheidende Kriterium des Verbrauches. Der Luftwiderstand ändert sich sehr stark in Abhängigkeit mit der Fahrgeschwindigkeit. Im Bereich über 80 km/h kommt es darauf an, wie stark die Luft zwischen dem Zugfahrzeug und dem Anhänger verwirbelt wird, und ob hier dann eventuell noch ein „Unterdruck" entsteht, welcher den Luftwiderstand noch weiter erhöht. Der Treibstoffverbrauch wird aber im Wesentlichen vom „Gasfuß" des Fahrers und seiner Fahrweise bestimmt! Werden z.B. die Gänge beim beschleunigen „aus gefahren", oder wird aus einem zu hohen Gang heraus beschleunigt?

Wenn Sie mit einem Anhänger unterwegs sind, halten Sie einen größeren Abstand zu dem vorausfahrenden Fahrzeug. Durch das Gewicht des Anhängers und der Ladung verlängert sich der Bremsweg ab ca. 80km/h um bis zum doppelten des normalen Bremsweges!

Fahren Sie immer vorausschauend, gerade wenn sie einen großen und hoch aufgebauten Anhänger ziehen. Gerade vor Brücken, Waldschneisen, Lärmschutzwänden, Bergkuppen und überholenden LKWs kann eine plötzlich auftretende Windböe den Anhänger zum Aufschaukeln oder Pendeln bringen. Bei einer vorausschauenden Fahrweise sollte immer bei Gefahr von Windböen langsamer gefahren werden.

TIPP: Üben Sie das Fahren mit dem Anhänger, fahren Sie erst über gut ausgebaute Bundes- und Landesstraßen, um anschließend auf die schmaleren Kreisstraßen zu fahren. Wenn sie zum Schluss auf einem großen freien Platz das Rangieren und Rückwärtsfahren trainiert haben, kommt die nächste Übung: Das Fahren durch die Innenstadt!

7)   Reifendruck für Anhänger

Wie im Kapitel B, Titel 6, unter Traglast dargestellt, ist der Luftdruck gerade bei einem Anhänger von enormer Bedeutung. Unabhängig vom Anhängertyp, ist bei einer Vollbeladung der Luftdruck auf das maximale Maß anzuheben. Soll der Anhänger anschließend wieder ohne Ladung gefahren werden, ist es wichtig, den Luftdruck wieder zu senken. Ansonsten kann der leere Anhänger mit maximalem Luftdruck wie ein Gummiball hinter dem Zugfahrzeug springen!

Die Reifenhersteller geben mit der PSI-Angabe den höchsten Druck an, den der Reifen fahren darf!

Umrechnungstabelle :

Von	in	Umrechnung
PSI	bar	PSI x 0,07 = bar
bar	PSI	bar x 14,29 = PSI

Dieser PSI Wert ist kein Geheimnis und kann an jedem Reifen abgelesen werden. Auf der Reifenflanke steht der maximal zulässige Luftdruckwert in PSI, wie z.B. 44 PSI. Das sind umgerechnet (nach obiger Formel) 3,08 bar. Dieser Wert ist der maximale Luftdruck für diesen Reifen!

Wenn neue Reifen montiert werden, ist natürlich der PSI Wert der neuen Reifen maßgeblich und dieser PSI-Wert kann trotz identischer Reifengröße deutlich von dem der alten Reifen abweichen.

TIPP: Wenn der Anhänger vollgeladen wird, müssen auch die Reifen fast an den Rand des zulässigen Luftdrucks befüllt werden, dabei ist immer eine Reserve von ca. 10% einzuhalten. Ist also der maximale Luftdruck mit 3,08 bar angegeben, bedeutet das für Ihren Reifen 2,77 bar oder aufgerundet 2,80 bar maximalen Luftdruck! Damit die Reifen niemandem "um die Ohren fliegen", wenn sie sich beim Fahren erwärmen, ist die 10%-Regel unbedingt einzuhalten. Ein leerer Anhänger kann mit 25% weniger Luft als maximal angegeben gefahren werden (Richtwert!). Das wäre bei einem Maximalwert von 3,08 bar somit 2,31 bar, also gerundet 2,30 bar. Bei Leerfahrten oder "Fast"-Leerfahrten" reichen in diesem Fall also 2,30 bar aus!

Wichtig: Schreiben sie die Luftdrücke für Leerfahrten und für maximale Beladung auf den Kotflügel Ihres Anhängers, so kann auch ein Fahrer, der sich den Anhänger von Ihnen geliehen hat, den korrekten Luftdruck ablesen und für seine Bedürfnisse einstellen!

8) Die 100 km/h Zulassung

Für Fahrzeuge mit Anhänger gilt generell eine Höchstgeschwindigkeit von 80 km/h auf Autobahnen und Kraftfahrstraßen. Aber unter ganz bestimmten Voraussetzungen dürfen PKW mit Anhängern in Deutschland auf Autobahnen und Kraftfahrstraßen Tempo 100 fahren. Diese Regelung in der 9. Ausnahmeverordnung zur StVO war zunächst bis zum Dezember 2003 befristet. Sie wurde überarbeitet und ist seit dem 7. Oktober 2005 in der dritten Änderung bis zum 31.12.2010 verlängert worden. Die bisher erstellten Tempo-100-Bescheinigungen behalten weiterhin ihre Gültigkeit.

Die Voraussetzungen für die Genehmigung der 100 km/h: Als Zugfahrzeug ist ein mehrspuriges Kraftfahrzeug bis 3,5 t zulässigem Gesamtgewicht oder ein PKW erlaubt. Vorgeschrieben ist, dass das Fahrzeug mit ABS ausgestattet sein muss. Im Gesetzestext wird, wenn es um das ABS geht, immer von einem „automatischen Blockierverhinderer" (ABV) gesprochen, da der Begriff „ABS" ein geschützter Markenname ist. Die Reifen des Anhängers dürfen nicht älter als sechs Jahre sein und müssen mindestens die Geschwindigkeitskategorie L (120 km/h) besitzen.

Bei Anhängern ohne Auflaufbremse, also bis 750kg oder ohne Stoßdämpfer auch über 750kg, darf das zulässige Gesamtgewicht höchstens das 0,3-fache des Leergewichtes des Zugfahrzeugs betragen. Bei Wohnanhängern mit Auflaufbremse und Stoßdämpfern das 0,8-fache, bei anderen Anhängern mit Auflaufbremse und Stoßdämpfern das 1,1-fache. Die Gewichtsangaben können dem jeweiligen Fahrzeugschein entnommen werden.

Entscheidend ist immer: Die zulässige Masse (früher: Gewicht) des Anhängers muss kleiner oder gleich der Leermasse (Leergewicht) des Zugfahrzeugs, multipliziert mit einem x-Faktor, sein!

Dieser x-Faktor gilt in Abhängigkeit von der technischen Ausstattung des Anhängers:

Art des Anhängers:	Ausstattung:	X-Faktor
Einachsiger Anhänger	Ohne Bremse und ohne hydraulische Schwingungsdämpfer	0,3
Einachsiger Anhänger	Mit Bremse ohne hydraulische Schwingungsdämpfer	0,3
Wohnwagen	Mit Bremse und hydraulische Schwingungsdämpfer	0,8
Wohnwagen	Mit Bremse, mit hydraulische Schwingungsdämpfer und Zugkugelkupplung mit Stabilisierungseinrichtung	1,0
Wohnwagen	Mit Bremse, hydraulische Schwingungsdämpfer und spezielles fahrdynamisches Stabilitätssystem am Zugfahrzeug	1,0
Anderer Anhänger	Mit Bremse und hydraulische Schwingungsdämpfer	1,1*
Anderer Anhänger	Mit Bremse, mit hydraulische Schwingungsdämpfer und Zugkugelkupplung mit Stabilisierungseinrichtung	1,2*
Anderer Anhänger	Mit Bremse, hydraulische Schwingungsdämpfer und spezielles fahrdynamisches Stabilitätssystem am Zugfahrzeug	1,2*

* Es gilt immer: Zulässige Masse des Anhängers muss kleiner oder gleich der Leermasse des Zugfahrzeugs sein, und zulässige Anhängelast gemäß Fahrzeugschein des Zugfahrzeugs!

Formel: Zulässige Masse des Anhängers < oder = „x-Faktor" * Leermasse des Zugfahrzeugs.

Berechnungsbeispiel:

Wohnwagen mit der zulässigen Gesamtmasse von 1.600 kg (mit Bremse und Dämpfer, x=0,8); Zugfahrzeug mit einem Leergewicht von 1.800 kg

1.600 kg > 1.440 kg (0,8 x 1.800kg)   In diesem Beispiel darf der Anhänger nicht mehr als 1.440 kg wiegen!

Durch das Nachrüsten des Wohnwagens mit einer Zugkugelkupplung mit Stabilisierungseinrichtung würde der x-Faktor auf 1,0 herauf gesetzt werden und das Zugfahrzeug dürfte in diesem Beispiel 1.800 kg ziehen!

Die technischen Werte müssen in einem Gutachten von einer anerkannten Überwachungsorganisation bestätigt werden und anschließend vom Straßenverkehrsamt in den Brief und Schein oder in die Zulassungsbescheinigung Teil I und Teil II eingetragen werden.

Die Bescheinigungen sind mitzuführen und eine Tempo-100-Plakette ist hinten am Anhänger anzubringen. Die früher bestehende Pflicht, auch am Zugfahrzeug eine Tempo 100-Plakette anzubringen, ist seit April 2008 entfallen.

Derart zügig darf der Zug jedoch nur auf Autobahnen und Kraftfahrstraßen fahren. Das heraufgesetzte Tempolimit kann auch für ausländische Gespanne beantragt werden.

TIPP: Erkundigen Sie sich, bevor sie ins Ausland fahren, nach den dortigen Regeln für das Fahren mit Anhängern. In der Schweiz sind außerorts und auf den Autobahnen z.B. generell nur 80 km/h für Gespanne erlaubt!

9)   Das Einstellen der Außenspiegel

Werden zur Fahrt mit einem Anhänger zusätzliche Außenspiegel, sogenannte „Anhängerspiegel" montiert, sollte deren Einstellung, wie im Kapitel A, Titel 4 dargestellt, vorgenommen werden.

Die jetzt „entbehrlichen" originalen Autorückspiegel sollten so eingestellt werden, dass Sie die Räder Ihres Anhängers in einer Kurvenfahrt im Blick haben. Achten Sie beim Kauf der zusätzlichen Außenspiegel darauf, dass die Originalspiegel nicht durch die Befestigung komplett verdeckt sind! Denn nur so können Sie sicherstellen, dass Sie Kurven auch mit den Reifen des Anhängers sicher umrunden können und nicht mit dem Anhänger unerwartet über die hohe Bordsteinkante fahren! Gerade beim Rückwärtsrangieren kann man den Anhänger besser überblicken und exakter fahren. Der Spiegel sollte daher so eingestellt werden, dass man bei einer üblichen (fast 90°) Kurvenfahrt die Räder des Anhängers gut im Blickfeld hat.

TIPP: Auch wenn Ihr Anhänger nicht breiter ist, als das Zugfahrzeug, sollten Sie aus Sicherheitsgründen dennoch zusätzliche Außenspiegel am Fahrzeug befestigten. Das Rangieren und die Kurvenfahrt werden dadurch bei einer korrekten Spiegeleinstellung enorm vereinfacht!

10)   Fahren auf einer feuchten Wiese

Auf einer feuchten Wiese zu fahren, oder besser von dieser wieder runter zu kommen, ist selbst für einen mit Elektronik vollgestopften Geländewagen recht schwierig. Feuchtes Gras kann so glatt wie Eis sein!

Bei Fahrzeugen mit Allradantrieb ist meisten das hohe Gewicht des Anhängers das Problem beim Anfahren auf einer feuchten Wiese. Sollten Sie also das Gefühl haben, dass Sie aufgrund des hohen Anhängergewichtes nicht anfahren können, so gibt es einen einfachen und simplen Trick!

Fahren Sie nach Möglichkeit rückwärts und sorgen dafür, dass der Anhänger möglichst im rechten Winkel, zum Zugfahrzeug zum stehen kommt. Jetzt haben Sie beim Anfahren nicht das maximale Gewicht des Anhängers zu ziehen und können eventuell etwas Schwung aufbauen, um von der Wiese herunterzufahren.

Sollte auch dieses nicht funktionieren, so bleibt noch als letzte Möglichkeit die Lenkradbewegung, so wie im Kapitel C, Titel 20, dargestellt. Die Lenkradbewegungen können hierbei auch etwas länger ausfallen. Durch diese Lenkradbewegungen wird die Grasnarbe aufgerissen, wodurch die Räder etwas besser greifen können.

TIPP: Die dargestellten Fahrtechniken funktionieren auch, wenn das Fahrzeug nur über Frontantrieb verfügt. Wenn alle Fahrtechniken nicht helfen von der Wiese zu kommen, hilft „Luftablassen" meistens weiter.

11)   Anhänger im Gelände

Wer häufiger mit seinem Gespann ins Gelände fährt, z.B. zum Holztransport oder auf Reisen, braucht neben einem stabielen Anhänger auch noch die Beherrschung einiger grundlegender Fahrtechniken.

Entgegen der Meinung, Anhänger hätten nichts im Gelände verloren, haben viele Abenteurer auf ihren Reisen andere Erfahrungen gemacht! Es ist richtig, dass ein Anhänger in einigen Gelände Abschnitten, wie z.B. in tiefen Schlammlöchern, wie ein Bremsfallschirm wirkt. Aber wo wird mit einem geländegängigen Anhänger denn hauptsächlich gefahren? Wenn es ins extreme

Gelände geht, wird sicher jeder Off-Roader seinen Anhänger an einen sicheren Ort abstellen und nicht unbedingt durch jedes Sumpfloch fahren!

Alle Anhänger, und seien sie noch so gut fürs Gelände vorbereitet, haben irgendwann ihre Grenzen erreicht. Wenn Sie z. B. in die Sahara fahren wollen, gilt hier grundsätzlich: „Anhänger und Weichsand vertragen sich nicht!" Das Fahren auf Sand ist nur auf sehr festem Sand möglich. Es sei denn, Sie haben einen Anhänger mit angetriebener Achse.

Welche Art der Federung sollte ein Off-Road-Anhänger besitzen? Viele bevorzugen die Blattfederung, weil diese am problemlosesten ist, kaum verschleißt und im Zweifelsfall von jedem „Dorfschmied" repariert werden kann. Ähnliches gilt auch für Schraubenfedern. Mittlerweile gibt es auch gummigefederte Achsen oder Torsionsdrehstabfedern. Beide haben den großen Nachteil, dass sich Sand und Schmutz ablagern kann, was dazu führt, dass bei den Gummifedern das Gummi aufgerieben wird. Die Torsionsdrehstabfedern rosten entsprechend leicht von innen durch. Wenn eine Feder dann bricht oder abschert, ist das nicht so einfach zu reparieren. Letztendlich ist auch bei den Federn immer die Wartung des Anhängers maßgeblich für die Haltbarkeit der einzelnen Komponenten.

Stoßdämpfer sind bei einem Off-Road Anhänger eigentlich nur notwendig, um die 100km/h-Zulassung zu erhalten (Siehe Kapitel J, Titel 8). Wenn Ihr Anhänger mit Stoßdämpfern ausgestattet ist, hat dieses natürlich Vorteile beim schnellen Fahren über Pisten oder sehr schlechter Wegstrecke. Wenn man versehendlich mit 70km/h ein Schlagloch durchfährt, ist die Gefahr, dass die Federung bis zum Anschlag durchschlägt und anschließend der Anhänger zu springen anfängt, mit Stossdämpfern deutlich geringer.

Im Gelände sind die auf die Zugdeichsel einwirkenden dynamischen Kräfte wesentlich höher, als auf ebener Strecke. Bereits auf einer einfachen Wellblechpiste können diese Kräfte zu dauerhaften Beschädigungen (z.B. Verformungen) der Zugdeichsel führen!

Deshalb ist als Zugdeichsel nur die V-Form zu wählen, auch wenn der Anhänger dadurch einige Kilogramm schwerer wird, der Anhänger ist mit einer V-Form-Zugdeichsel wesentlich stabiler.

Es gibt immer noch die Theorie: „Geländewagen und deren Anhänger brauchen als Off-Road-Fahrzeuge eine „Nato-Kupplung"!". Diese Meinung hält sich hartnäckig, obwohl die Nato-Kupplung bei den verschiedenen Streitkräften aus Gründen der Kompatibilität eingeführt wurde. Als weiterer Grund wird immer wieder auf die wesentlich größeren Freiheitsgrade dieser Kupplung hingewiesen. In den einschlägigen LKW-Zeitschriften wird die Nato-Kupplung immer mit einer Rockinger- oder Ringfeder-Maulkupplung verglichen. Ein direkter Vergleich mit einer Kugelkopfkupplung würde mit Sicherheit zeigen, dass der Aufpreis zu einer Nato-Kupplung eingespart werden könnte!

TIPP: Machen Sie eine Testfahrt durchs Gelände, bevor Sie sich für einen Anhänger entscheiden. Testen Sie alle Freiheitsgrade vom Anhänger und Anhängerkupplung. Nur wenn der Anhänger gewichts- und größenmäßig zum Zugfahrzeug passt, gibt es im Gelände kaum Grenzen. Hinweis: Verwenden Sie bei Ihrem Off-Road-Anhänger die gleiche Fahrbereifung, wie bei Ihrem Geländewagen. Der Vorteil ist, dass Sie nur einen Reservereifen und Reifenflickzeug für beide Fahrzeuge mitnehmen müssen!

12)   Rückwärts rangieren

Beim rückwärtigen Einparken mit dem Anhänger wird oft beobachtet, dass der Fahrer instinktiv in die Richtung lenkt, wo er seinen Anhänger positionieren möchte.

Dieses ist natürlich falsch, aber wie geht es richtig?

Grundsätzlich muss das Fahrzeugheck genau in die andere Richtung gelenkt werden, um den Anhänger in die richtige Richtung zu drücken. Was nichts anderes bedeutet, als: „Möchte ich nach links, lenke ich nach rechts" und umgekehrt. Dieses fällt gerade Anfängern schwer und muss ausgiebig geübt werden.

Die einfachste Übung hierfür ist, mit dem Anhänger eine längere Strecke rückwärts zu fahren. Schauen Sie dabei abwechselnd in beide Außenspiegel. Lenken Sie genau zu dem Zeitpunkt in die Richtung, in dem der Anhänger beginnt auszubrechen. Weicht der Anhänger z.B. nach rechts aus, so lenken sie sanft nach rechts, bis der Anhänger wieder in einer Linie mit dem Zugfahrzeug ist. Nach kurzer Zeit gewöhnt man sich daran und kann mit relativ hoher Geschwindigkeit den Anhänger rückwärts bewegen.

Wenn es erforderlich ist, den Anhänger rückwärts mit einem Winkel von ca. 90° in eine Parkbucht oder Straße zu drücken, kann hier die sogenannte „Drei-Schritt-Regel" helfen.

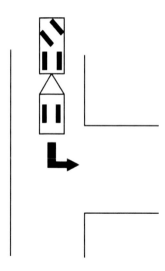

<u>Schritt I:</u> Schlagen Sie das Lenkrad ca. eine halbe Umdrehung, entgegen der Richtung, in die Sie abbiegen wollen, ein. Beginnt der Anhänger zu reagieren, beginnt Schritt II.

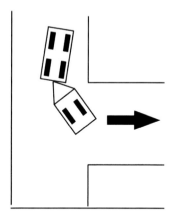

<u>Schritt II:</u> Jetzt wieder gerade lenken, das Lenkrad also in die ursprüngliche Ausgangsposition bringen.

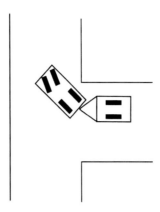

Schritt III: Dem Anhänger jetzt mit der Lenkung folgen. Lenken Sie in die Richtung, in die Sie einfahren wollten, nehmen Sie den Lenkradeinschlag, je nach Reaktion des Anhängers, wieder langsam zurück, bis der Anhänger wieder in einer Linie zum Zugfahrzeug steht.

Auch bei dieser leicht zu erlernenden Drei-Schritt-Regel heißt es immer wieder – üben! Gerade am Anfang hat man meistens das Problem, dass der Anhänger übersteuert und zu scharf um die Kurve fährt. In diesem Fall hilft nur ein Stück nach vorne zu fahren und die Wiederholung der Einparkprozedur. Sollte der Anhänger aber nicht ausreichend um die Kurve fahren, muss das Lenkrad wieder ein Stück „geöffnet" werden.

Bei all diesen Rückwärtsfahrten ist es besonders wichtig, möglichst langsam und mit einem Einweiser zu fahren, ansonsten ist schnell ein Bagatellschaden entstanden.

TIPP: Wer sich einen Anhänger ausleiht, sollte sich in einer wenig befahrenen Umgebung mit den Fahreigenschaften des Anhängers vertraut machen. Auch das gelegentliche Üben mit dem eigenen Anhänger kann nie schaden! Denken Sie dran, das Rückwärtsfahren mit dem Anhänger sollte immer möglichst langsam erfolgen!

13)   Anhänger außer Kontrolle

Jeder Gespannfahrer muss vorausschauend fahren, weich und langsam lenken, heftige Lenkbewegungen unbedingt vermeiden. Dennoch kennt jeder Gespannfahrer die Angst vor dem Aufpendeln oder Schlingern des Anhängers.

Um Pendelbewegungen vorzubeugen ist es wichtig, dass Ihr Anhänger, besonders wenn es sich um einen schweren Wohnwagen oder Pferdeanhänger handelt, mit Stabilisatoren ausgerüstet ist. Auch die auf dem Markt erhältlichen Antischlingerkupplungen sollen das Aufschaukeln des Anhängers vermeiden, und sind somit immer eine gute Investition. Viele gerade neuere Fahrzeuge sind mit dem „ESP-System" ausgerüstet. Dieses System verhindert, dass das Zugfahrzeug ins Schleudern kommen kann. Es bewirkt das gezielte Abbremsen einzelner Räder am Zugfahrzeug. Bevor das ESP des Zugfahrzeuges bei Störungen eingreift, die über die Anhängerkupplung vom Anhänger übertragen werden, ist dieser schon fast außer Kontrolle.

Wenn Sie bemerken, dass Ihr Anhänger trotz aller Vorsicht einmal ins Pendeln kommt, sofort die Kupplung treten und das Gespann ausrollen lassen. Dieses Ausrollen kann auch mal 500 Meter oder mehr betragen!

Sollte das Zugfahrzeug anfangen zu pendeln oder der Anhänger in einer Kurve sogar aufsteigt müssen Sie sofort vollbremsen, damit alle Räder blockieren. Bei der Vollbremsung unbedingt das Lenkrad gerade halten, auf keinen Fall gegenlenken, das verstärkt die Pendelbewegung sonst zusätzlich! Erst kurz vor dem Stillstand des Gespanns die Bremse wieder lösen. Sollte der Anhänger in einer Kurve aufsteigen, so muss auch jetzt sofort voll gebremst werden. Auch hierbei das Lenkrad gerade halten, so lange es geht! Kurz vor Erreichen der Kurvenaußenkante leicht Gas geben und wieder in die Kurve einlenken. Sobald es geht, das Gespann weiter runterbremsen!

Wichtig: Auf gar keinen Fall dürfen Sie Gas geben! Diese Fahrtechnik gehört in den Bereich „Mythen und Märchen"! Die Fahrtechnik „Den Zug zu strecken" funktioniert nicht und macht die jeweilige Situation nur noch gefährlicher.

Was passiert eigentlich beim Aufschaukeln? Beim Aufschaukeln, was auch als Pendeln bezeichnet wird, bewegt sich das Gespann gegenläufig, wodurch das Gegenlenken unmöglich wird! Wenn das Pendeln nicht gestoppt werden kann, verliert der Zugwagen die Stabilität und schleudert entgegen der Fahrtrichtung nach hinten, wobei der Anhänger eigentlich immer in Fahrtrichtung bleibt. Wenn es auf der Autobahn einen Unfall mit einem Gespann gab, liest man im Polizeibericht häufig: „Fahrer versuchte durch Gas geben das Gespann zu strecken".

Risiken, die zum Schlingern führen können, sind zu hohe Geschwindigkeiten und Seitenwind, der vor allem bei der Ausfahrt aus Tunneln, am Ende einer Lärmschutzwand oder auf Brücken entstehen kann. Was als Risiko immer wieder unterschätzt wird, ist der Sog, der entsteht, wenn man von einem LKW überholt wird oder selber einen LKW überholt. Durch die geschlossene Seitenwand wird der Anhänger kräftig angezogen und nach dem Vorbeifahren des LKWs oder Busses wieder losgelassen. Um diesen Sog wärend man überholt wird zu vermeiden, ist Folgendes sinnvoll: Sobald ein Bus oder LKW im Rückspiegel auftaucht, fährt man soweit links auf der eigenen Spur, dass der

Bus oder LKW gezwungen ist, ebenfalls weiter links zu fahren. Während des Überholvorganges, fahren Sie dann möglichst weit an den rechten Rand und schaffen dadurch einen größeren seitlichen Abstand, der den Sog gar nicht erst entstehen lässt! Sollten Sie gleich von Anfang an ganz rechts fahren, wird der Überholende auch weiter rechts fahren und Sie mit einem deutlich geringeren Abstand passieren. Das „Selbstüberholen" sollte nach Möglichkeit vermieden werden, dass Risiko wiegt die Zeitersparnis bei weitem nicht auf!

Sollte es einmal vorkommen, dass bei Ihrem Anhänger ein Reifen platzt oder es entwickelt sich ein schleichender Plattfuß, so bemerken Sie davon fast nichts. Der Anhänger wird weder beginnen zu Pendeln noch zu „Schwimmen". Sie bemerken den Plattfuß meisten nur durch den erhöhten Fahr- oder Rollwiderstand. Halten Sie das Lenkrad dann gerade und bremsen gefühlvoll Ihr Gespann ab.

TIPP: Je schwerer das Zugfahrzeug desto stabiler die Fahreigenschaften vom Gespann! Also auch beim Zugfahrzeug die Zuladungsmöglichkeit ausnutzen.

14)   Wie Fahrstabil ist Ihr Anhänger?

Wichtig für die Fahrstabilität eines Gespanns ist die Schwerpunktlage des Anhängers. Diese Schwerpunktlage kann man sich wie ein bewegliches Kugelkopfgelenk vorstellen, denn um diesen Punkt wird der Anhänger alle Bewegungen vollführen. Daher sollte diese Schwerpunktlage dicht bei der Achse liegen, im Idealfall 10cm bis 20cm davor (in Richtung Zugfahrzeug)! Wird dieser Idealfall eingehalten, so folgt der Anhänger dem Zugfahrzeug ohne zu schlingern oder zu schieben. Da der Gesetzgeber eine minimale Stützlast vorschreibt (Kapitel J, Titel 3), ist sichergestellt, dass der Schwerpunkt sich immer vor der Achse des Anhängers befinden muß.

Diese Schwerpunktlage lässt sich einfach selbst nach folgender Formel ermitteln:

$$S = \frac{St. \times D}{Ges.}$$

S = Schwerpunktlage vor der Achse in cm

St. = Stützlast in kg

D = Deichsellänge, von der Achse bis zum Kugelkopf in cm

Ges. = Gesamtgewicht des Anhängers in kg

212

Der Wert „S" sollte zwischen 10cm und 20cm betragen!

TIPP : Berechnen Sie die Lage des Schwerpunktes Ihres Anhängers! Sollte dieser außerhalb des empfohlenen Bereiches liegen, so lagern Sie Ihre Ladung noch einmal um. Gerade wenn Sie Ihren Anhänger einmal von Hand bewegen müssen, macht sich die Schwerpunktlage besonders deutlich bemerkbar.

15) Tipps, Tricks und Hinweise

- Das Abreissseil nicht an der Anhängerkupplung oder Anhängerbock befestigen, sondern immer direkt am Zugfahrzeug, z.B. an der Abschleppöse! Dieses ist besonders bei abnehmbaren Anhängerkupplungen zu beachten!
- Der gängige 50 mm Kugelkopf ist geeignet für den Straßenbetrieb mit Zuglasten bis maximal 3,5 Tonnen.
- Anhänger mit einem zulässigen Gesamtgewicht über 3,5 Tonnen müssen über eine Ringkupplung und durchgehende Bremsen verfügen, die einen entsprechenden Umbau des Fahrzeugs erfordern.
- Rückwärtsfahren immer nur mit einem Einweiser
- Das Anfahren am Berg ist möglichst zu vermeiden, die Kupplung wird es Ihnen danken!
- Vergrößern Sie den „Bremsabstand" zum vorausfahrenden Fahrzeug
- Lernen Sie das Eigenleben Ihres Anhängers kennen, nur so reagieren Sie im Notfall richtig!
- Gerade Fahranfänger sollten ein spezielles Fahrsicherheitstraining mit dem eigenen Fahrzeug und Anhänger absolvieren
- Überprüfen Sie Ihren Führerschein, ist er für Ihren Anhänger ausreichend (Anhänger-Zusatzberechtigung Klasse E)?

Interessantes rund um das Hobby Geländewagen

1) *Reiseveranstalter, worauf ist zu achten?*

Wer ein Land entspannt bereisen will und die Erfahrung anderer nutzen möchte, bucht seine Reise bei einem der vielen „Off-Road" Reiseveranstalter.

Gute Reiseveranstalter zu finden ist teilweise Glückssache! Wie finde ich also den „Richtigen"? Als erstes kann man sich den Internetauftritt des ausgewählten Reiseveranstalters ansehen. Wird bei dieser Internetpräsenz nur viel Wert auf die Selbstdarstellung gelegt, ist größte Vorsicht geboten. Wird von einem Team gesprochen? Wer ist das Team, welche Erfahrung kann das „Team" vorweisen, ist das Team namentlich auf der Internetseite präsent und wenn nicht, warum nicht? Gibt es ein festes Team?

Sollte die ausgewählte Reise länger dauern, ist wichtig, ob die Reise von einem zweiten Team-Fahrzeug begleitet wird. Wenn die Reise z. B. in die Sahara geht, sollte ein zweites Fahrzeug vom Veranstalter eigentlich Pflicht sein! Das Fahrzeug des Veranstalters kann ebenso einmal eine Panne haben und ausfallen, wie jedes andere Fahrzeug auch. Auch für das Vorankommen in schweren Geländeabschnitten ist es mit zwei erfahrenen Fahrzeugenführern einfacher und schneller. Einer kann vorausfahren und die Strecke „legen", während der andere sich um die Nachzügler kümmert. Bei Off-Road Schulungen während der Reise, kann die Gruppe aufgeteilt werden und so schneller geschult werden.

Es gibt aber auch Reiseveranstalter, die sich jeden Abend beim Campen von der Gruppe entfernen, um in einem größeren Abstand zu übernachten oder der Reiseveranstalter der plötzlich keine Zeit mehr hat oder Besseres zu tun, als sich um die Gruppe zu kümmern, wobei die Gruppe dann plötzlich nur noch aus einem Begleitfahrzeug besteht. Über die Qualität dieser Veranstalter muss sicher nicht geredet werden! Wie aber sieht es mit Referenzen aus, wie viele Veranstaltungen wurden bereits durchgeführt? Kann man mit Teilnehmern aus vergangenen Veranstaltungen sprechen.

Sicher Reisen, mehr erleben mit einem seriösen Reiseveranstalter kein Problem

TIPP: Wer bei einem Reiseveranstalter buchen möchte, sollte sich schon im Vorfeld über offene Fragen Gedanken machen. Holen Sie an möglichst vielen Stellen Informationen ein, die meisten Veranstalter sind dabei sehr hilfsbereit. Im Idealfall befindet sich ein Veranstalter in Ihrer unmittelbaren Nähe, so dass Sie sich bei einem Vorortbesuch einen besonders guten Eindruck verschaffen können.

2)   Rallyeveranstalter

Auch bei den Rallye Veranstaltern gibt es Unterschiede. Wie sieht es z. B. mit dem Organisationsteam aus, wie setzt es sich zusammen, sind es eventuell frühere Rallye Fahrer? Wie lange gibt es die Rallye bereits? Wie ist im Allgemeinen die Aufteilung der Organisation, Streckenkontrolle, Durchfahrtskontrolle, Bergung, u.s.w. ? Ein Bergungs-LKW, ein sogenannter „Besenwagen" ist ein „Muss" auf jeder Rallye. Interessant ist auch zu wissen, wieviel und welche Fahrzeugtypen als „Besenwagen" eingesetzt werden. Sind diese Fahrzeug in der Lage, aufgrund ihrer Größe und ihres Gewichts mein Fahrzeug aus den Dünen zu bergen?

Die nächste Größe bei einer Off-Road-Rallye ist die medizinische Betreuung, in welchem Umfang findet diese statt und wie ist hier die Aufteilung auf der Strecke?

Wie wird die Kommunikation zwischen den Fahrern und der Organisation aufrecht erhalten? Sind alle mit einem Satellitentelefon ausgestattet worden oder geht es beispielsweise über 2-Meter-Funkgeräte?

Gibt es einen Organisatorischen Notfallplan? Wie ist die Zusammenarbeit mit den örtlichen Sicherheitskräften? Gibt es Reisewarnungen vom Auswärtigen Amt für das Land oder das Gebiet, in dem die Rallye stattfindet?

Das Wichtigste bei einer Rallye ist das „Roadbook"! Neben den Zeitvorgaben ist ein exaktes Roadbook die wichtigste Grundlage zum erfolgreichen absolvieren der einzelnen Etappen während der gesamten Rallye. Sollte das Roadbook nicht exakt jede Gefahr und Kurve verzeichnen, ist die Gefahr eines schweren Unfalls größer. Wer sich also für eine Rallye interessiert, sollte das Roadbook bei seinen Fragen nicht vergessen und eventuell ein Muster anfordern. Anhand eines Musterexemplars könnte man die Benutzung eines Roadbooks, zumindest Theoretisch, schon einmal üben.

Auf dem ersten Blick scheint es erhebliche Preisunterschiede bei Rallyes zu geben. Wer sich allerdings die Mühe macht, die Preise bei verschiedenen Veranstaltern zu vergleichen, wird schnell feststellen, dass die Suche nach dem optimalen Angebot einem Puzzlespiel gleicht. Berücksichtigt man genau, welche Reiseleistungen (z.B. Hotel, Verpflegung, usw.) jeweils inbegriffen sind, kommt man auf sehr ähnliche Preise.

Letztendlich bleibt einem auch hier nichts anderes übrig, als sich im Internet über seine Rallye zu informieren. Wichtig ist auch hier, sich mit Teilnehmern von früheren Rallyes in Verbindung zu setzen und alle Fragen aus erster Hand zu klären.

TIPP: Sehr informativ sind auch die Vor- oder Nachtreffen einer Rallye. Die Rallye-Veranstalter laden hierzu gern Interessierte oder Rallyebegeisterte ein!

3) Off-Road Fahrschulen, was ist Qualität?

Geländewagen-Fahrschulen, Off-Road-Fahrschulen, Off-Road-Training, usw. gibt es mittlerweile viele. Auf fast jedem Off-Road Fahrgelände werden diese „Fahrschulen" angeboten. Doch die Qualität und Preise der einzelnen Fahrschulen sind sehr unterschiedlich. Die wichtigsten Kriterien, an denen man einen guten Fahrlehrer erkennt, ist neben dem Besitz einer Lizenz (z.B. ACE, Deutscher Allradverband) auch seine Off-Road Erfahrung. Nimmt er z.B. regelmäßig an Off-Road-Wettbewerben, Expeditionen, Off-Road Rallyes teil?

Eine gute Fahrschule oder Geländewagentraining zu finden, ist nicht ganz einfach. Es sei denn, man kennt jemanden, der schon eine derartige Ausbildung absolviert hat. Dann lautet die wichtigste Frage: Ist der Trainer auf jeden

Teilnehmer und seinem Geländewagen individuell eingegangen, ist er bei einzelnen Übungen als Beifahrer mitgefahren, oder war er zumindest am Fahrzeug um bei den Übungen jedem Teilnehmer individuell zu helfen? Sind eventuell sogar einzelne Fahrzeuge in den Übungen beschädigt worden? Beschädigungen können „off-Road" sicherlich niemals ausgeschlossen werden, sollten aber gerade in einem Grundkurs die absolute Ausnahme sein. Wer allerdings einen Aufbaukurs wählt, hat auch mit einem höheren Risiko zu rechnen, weil auch höhere Anforderungen gestellt werden. Aber auch hier ist die Erfahrung des Trainers entscheidend, um das Risiko einer Beschädigung des eigenen Geländewagens zu minimieren.

TIPP: Wer sich für ein Geländewagentraining interessiert, kann in einem Off-Road-Fahrgelände anrufen und sich dort nach den Trainingsmöglichkeiten erkundigen und auch die ersten Informationen über die Erfahrungen und Qualifikationen des Trainers erfragen.

4) Off-Road fahren und wo es noch erlaubt ist

Die Möglichkeiten in Deutschland noch Off-Road zu fahren, sind in den letzten Jahren stark eingeschränkt worden. Fast alle Wald-, Feld- und Wiesenwege sind mittlerweile durch Verbotsschilder oder Schranken gesperrt worden. Dieses ist allerdings auch die Folge der zunehmenden Geländewagen- und SUV-Aktivitäten und dem Drang, dieses Fahrzeug auch einmal „artgerecht" zu halten.

In manchen Bundesländern ist es im Herbst möglich, einige dieser Wege legal zu befahren, nämlich dann, wenn die Holzernte in vollem Gange ist. Um eine Flut von Ausnahmegenehmigungen bei den örtlichen Behörden zu vermeiden, werden zu Holzerntezeit einige Verbotsschilder entfernt.

Die anderen Möglichkeiten sind die öffentlichen Fahrgelände, davon gibt es im Bundesgebiet ca. 18 Stück. Auf diesen Fahrgeländen kann jeder sein fahrerisches Können überprüfen und verbessern. Bei den meisten Fahrgeländen werden auch Geländewagenfahrschulen angeboten, so ist fast immer ein Off-Road-Profi für Fragen zu erreichen. Dort gibt es das kurze Abenteuer mit „Netz und doppelten Boden" für Ihre Sicherheit.

Bei Off-Road-Fahrten ins Ausland sind immer die Regeln des betreffenden Landes zu beachten. Nicht immer ist das Verlassen der Straßen erlaubt oder geduldet!

Gefahren können Off-Road überall „lauern"

5)   Verhalten im Off-Road Gelände

Wer sich zum ersten Mal einem der über 18 Off-Road Gelände in Deutschland aufhält, hat meistens das Problem, die Fahrregeln zu durchschauen. Denn meistens werden Sie keine Regeln vom Betreiber finden! Wenn, wie auf einzelnen Off-Road Geländen, eine Einbahnstraßenregelung getroffen wurde, ist diese aus der Sicherheitssicht gut. Aber wie verhält es sich in den anderen Off-Road Geländen, wo es das sprichwörtliche „freie Fahren" gibt?

Hier gibt es einige Grundregeln zu beachten:

-   Rechts vor links

-   Bergauffahren vor Bergabfahren

-   Auch wer bergauf fährt, muss sich vergewissern, dass kein Fahrzeug entgegen kommt. Notfalls den Beifahrer aussteigen lassen, zur Kontrolle der Fahrstrecke.

-   Das Fenster auf der Fahrerseite soweit öffnen, dass der Fahrer in unübersichtlichen Geländeverhältnissen seitlich am Fahrzeug vorbei sehen kann und damit besseren Einblick ins Gelände hat.

-   Das manövrierfähigere Fahrzeug sollte ausweichen.

- Englische Fahrweise: Bei Gegenverkehr links fahren (Wichtig: nur nach Absprache!!), um den Fahrern den Blick zum Straßenrand oder Abbruchkante zu ermöglichen!

- Nicht rasen! Wer rast, hat keine Kontrolle über seinen Geländewagen! Wer keine Kontrolle über seinen Geländewagen hat, handelt grob fahrlässig. Wer grob fahrlässig handelt, hat im Gelände nichts verloren!

- Wenn ein CB-Funkgerät vorhanden ist, sollte dieses auch eingeschaltet werden. Üblich ist in den meisten Geländen der Kanal 16 FM. Über diesen Kanal kann man sich schnell an schwierigen Passagen absprechen oder auch in einer Notsituation Hilfe holen.

TIPP: Mit der Einhaltung dieser Grundregeln in den Off-Road Geländen sollten Kollisionen vermieden werden. Aber gehen Sie nicht davon aus, dass alle Fahrer im Off-Road Gelände diese Verhaltensregeln kennen!

6)   Geländewagen und Umweltschutz

Jeder Geländewagenfahrer sollte sorgsam mit der Natur umgehen und nur dort fahren, wo es erlaubt ist. Verbotsschilder und Schranken dürfen nicht umfahren werden, ebenso sind Naturschutzgebiete zu meiden. Es sollte für jeden Geländewagenfahrer eine Selbstverständlichkeit sein, dass sein Fahrzeug keine Flüssigkeiten verliert. Ein Fahrzeug, das Flüssigkeiten verliert darf auch in freigegebenen Off-Road-Geländen nicht einfahren!

Auch wenn die Versuchung noch so groß ist, nutzen Sie die vorhandenen Straßen und Wege. So schonen Sie die Natur und vermeiden das „Anlegen" neuer Wege durchs unkontrollierte Querfeldeinfahren.

Beim Bergen eines havarierten Geländewagens mittels Winde oder Greifzug ist darauf zu achten, dass ein Baum als Haltepunkt gewählt wird, der auch ausreichend dick ist und nicht durch die auf ihn einwirkende Last umgerissen wird. Bei Bäumen ist grundsätzlich ein Baumgurt zu verwenden, um die Rinde nicht zu beschädigen.

Im Gelände immer vorausschauend Fahren, so können Probleme und Havarien meistens umgangen werden!

Nur wenn die Geländewagenfahrer verantwortungsvoll mit der Umwelt umgehen, werden nicht alle Wege und Off-Road-Plätze geschlossen.

L) FAHREN OFF-ROAD

Die 14 Gebote des Off-Road!

Hier zusammengefast die wichtigsten Gebote für das sichere Fahren abseits aller Straßen:

1)   Fahren Sie nur dort, wo es auch erlaubt ist! Keine verbotenen Strecken.

2)   Lernen Sie die Technik Ihres Geländewagens kennen! Wie arbeitet die Elektronik, wie legen Sie die Untersetzung ein?

3)   Nehmen Sie die Bergeausrüstung mit: Bergeseil, Schäkel, Schaufel, Wagenheber und Reserverad.

4)   Immer nur zu zweit ins Gelände! Was hilft der beste Bergegurt, wenn niemand da ist zum Bergen?

5)   Ladung sichern! Sichern Sie Ihr Gepäck und Ausrüstung.

6)   Prüfen Sie Ihren Geländewagen vor der Einfahrt ins Gelände! Öl, Bremsflüssigkeit, Ölverlust, Tank mindestens halbvoll, usw.

7)   Sitz, Kopfstützen und der Sicherheitsgurt richtig einstellen

8)   Im Gelände vorausschauend fahren! Untersetzung und Differenzialsperren rechtzeitig einlegen und langsam fahren!

9)   Nicht durch ein „Loch" fahren, wenn dieses mit geringem Aufwand auch umfahren werden kann!

10)   Wählen Sie den richtigen Gang! Nicht in schwierigen Geländeabschnitten schalten!

11)   Hänge nur in „Falllinie" befahren, niemals quer zum Hang fahren!

12)   Hindernisse nie zwischen die Räder nehmen, sondern mit einer Fahrzeugseite überfahren!

13)   Fuß weg von der Kupplung! Nirgendwo sonst wird eine Kupplung so schnell ruiniert wie im Gelände.

14)   Prüfen Sie Ihren Geländewagen nach der Ausfahrt aus dem Gelände! Öl, Bremsflüssigkeit, Ölverlust, Unterboden, Reifen usw.

1)   Bildernachweis

Alle Bilder von Elke Christians, wenn nichts anderes erwähnt wird.

Bilder Seite 166, 168 und 170 aus dem Archiv vom Mercedes-Benz G Club, Heinrich Wangler

Bild Seite 161, Marathonrally.com

Bild Seite 28 und 110 Frank Doberenz

Bild Seite 179, Fa. Schreck Sport

Bilder Seite 150 und 186 Gabi und Thomas Voss

Bild Seite 129 Ute Prager und Manfred Patschek

2)   Zum Dank verpflichtet an ...

besonders bei meiner Frau Elke. Sie hatte nicht nur die Idee zu diesem Buch, sondern durfte jedes Kapitel und jeden Titel nach jeder Änderung, mit viel Geduld und Verständnis auch mehrfach lesen.

Ich möchte all denen danken, die mich bei diesem Buch unterstützt haben, einschließlich aller, die meine unfertigen Entwürfe Korrektur gelesen haben.

Karen S. Borchard und Klaas Hambach

Klaas Hambach insbesondere für die Illustrationen

Ute Prager und Manfred Patschek

Klaus Zöke

Hinrich Aarjes für das Lektorat

Sowie alle, deren Bilder ich in diesem Buch veröffentlichen durfte.

Meinen herzlichen Dank dafür

Arnold Christians